一个成功的孩子的背后，

一定有个合格的家长。

　　童年时代的张庆欢是很可爱的，这是张庆欢3岁与表姐韫韫的合影，左边是张庆欢。

　　岳阳楼是进行传统文化教育和思想教育的好地方。"先天下之忧而忧，后天下之乐而乐"，这是范仲淹在《岳阳楼记》中的名句，千百年来脍炙人口。岳阳楼横贯整个一楼的木牌上，镌刻着岳飞书写《岳阳楼记》的手迹。这是1986年8月7日，作者与老伴、张庆海在岳阳楼合影。

青岛栈桥留念
１９８7年

　　"江山如此多娇"，通过旅游，亲身感受祖国的大好河山、美丽风光，是对孩子进行思想教育的一个途径。这是1987年8月6日，作者与张庆海、张庆欢在青岛栈桥的合影。

  健康是第一位的。张庆海从小就注意锻炼身体，从高中时代起练气功、打太极拳。这是他到美国留学后，在康奈尔大学拍摄的一组打太极拳的照片。

　　兄妹俩从小就互相关心，互相帮助、精诚团结。1999年张庆欢考上清华大学，这是兄妹俩在清华大学二校门的合影。

　　张庆海到美国后，又喜欢上花样滑冰，是康奈尔大学花样滑冰校队成员，该队曾在2003年全美大学生花样滑冰比赛中获团体总分第一名。他本人在2003年美国大学生东部赛区普林斯顿花样滑冰邀请赛中获得男子A组第二名，在2004年美国大学生东部赛区康奈尔花样滑冰邀请赛中获得男子A组第三名。

　　2006年，张庆欢通过托福和GRE考试，被录取到普渡大学（1869年由约翰·普渡创立，被称做"太空人的摇篮"，中国"两弹元勋"邓稼先、第一位太空人阿姆斯特朗等毕业于该校）攻读博士学位，并获全额奖学金。2007年8月19日，我们到普渡大学看望她，这是张庆海和张庆欢在该校石碑前的合影。

　　2007年6月，作者和老伴去美国看望两个孩子，7月4日，在华盛顿参加美国独立日庆祝活动。这是7月5日我们全家游览华盛顿市区，在白宫前的合影。后面的白房子就是白宫，位于宾夕法尼亚大道1600号。

# Cornell University

Be it known that

**Qinghai Zhang**

having satisfied in full the requirements for the degree of

## Doctor of Philosophy

has been admitted to that degree with all
the rights, privileges and honors pertaining thereto
in witness of this action the seal of the University and the signatures
authorized by the Board of Trustees are affixed below

Given at Ithaca, New York, on the eighteenth day of August,
in the year two thousand and eight.

张庆海通过托福和GRE考试，2001年获全额奖学金，留学美国康奈尔大学攻读博士学位，并顺利毕业。这是康奈尔大学颁发的博士学位证书。

　　2008年8月，张庆海从美国回乌鲁木齐探亲，8月25日下午应邀回母校——乌市69中给高一学生举办讲座。

　　2012年7月，张庆海到犹他(The University of Utah)大学数学系任教。这是他在犹他大学主楼前的留影。

# 儿女双双上清华

—— 一个成功家长的教子心经

张惠民　著

中国青年出版社

# 再版前言

古往今来，教育孩子是一个永远的热门话题。一个成功的孩子的背后，一定有个合格的家长。一般来说，家长是孩子的第一个老师，也是孩子一生中最重要的老师。

作为家长，我们应该承认孩子之间的差异，至于这个差异有多大，说法不一。而学校只能给所有的孩子提供同样的教育，至于孔子讲的因材施教，现在一般学校不可能对每一个孩子做到这一点。个性化、差别化的教育只有家长才能提供，这就把家长的教育选择权放在第一位。有一句英文说得好："Charity begins at home.（一切美德源于家庭）"家庭是塑造孩子个性和人格、灌输知识、培养各种能力的最重要环境。因而，对孩子而言，最重要的是家庭教育。

有人提出，孩子出生以后，他们的脑细胞处于冬眠状态，需要用外力激活它们。这个外力，主要是家长通过家庭教育来实现。家长应该以自己的言传身教培养孩子树立正确的人生观、价值观、幸福观，让孩子具备健康的情感、坚强的意志和良好的道德品质。在知识方面，培养孩子的学习兴趣以及正确的学习方法。我在这里并非要家长包办一切，主要是强调孩子要从小教育，不要输在起跑线上，使孩子在德智体美劳诸方面全面发展；并且在教育过程中，发现孩子的特长和闪光点，创造各种条件和环境，加以鼓励和培养。

曾经有人问我："看了你的书（指《儿女双双进清华》），孩子就能考上清华大学了？"有的家长说："我们孩子不考清华大学。"意思说他也不看这本书。看不看这本书是他的自由，我只是不希望他误解我写这本书的主导思想。我写这本书的目的是以家长和教师的双重身份，介绍一些教育孩子和学生的方法，供家长和教师们参考。并不是做广告宣传：看了这本书，孩子一定能考上清华大学。因为能考上清华大学的学生毕竟是极少数。佛教禅宗六祖慧能法师说："如来，如来，本来如是。"给了适当的温度，能不能孵出小鸡，还得看孵的对象是鸡蛋还是石头。我记得90年代，出了一本书，书名是《哈佛之路》，很流行。这本书介绍了一位女孩经过努力到哈佛大学留学的过程，如果认为凡是读了这本书的孩子都能去哈佛大学留学，那肯定是错误的，也是荒唐可笑的。正确的态度是从这位女孩成长的过程中，找到一些可供自己参考的经验。其实教育孩子和孩子成长是一个复杂、综合的过程，不是看一两本书就能解决问题的。

如何把孩子教育成为对国家、对人类有用的人才？如何培养孩子优良的道德品质？从哪些方面培养？一个孩子要学习好，必须有浓厚的学习兴趣，正确的、行之有效的学习方法，以及扎实的学习基础。

一些家长抱怨孩子不爱学习，不做作业；还有一些高三学生的家长告诉我，孩子也挺用功的，就是成绩不理想。那么，怎样培养孩子的学习兴趣呢？什么样的学习方法才是正确的呢？怎样提高孩子的学习成绩呢？孩子不听话怎么办？明明家长说的是对的，为什么孩子就是不听、会对家长产生逆反心理呢？如何帮助孩子渡过青春期，在管教孩子方面应该注意哪些问题？孩子要不要择校？如何对待补课和购买资料？从我教育孩子和学生的角度回答这些问题，就是我写这本书的指导思想。

作为教师，作为家长，应该从别人教育学生、教育孩子的过程中吸取一些有益的经验，结合自己的具体实际情况，从而形成一套有助于教育学生和孩子成长的方法。毛泽东一再指出，既要反对教条主义，又要反对经验主义。所以，盲目照搬别人的经验和拒绝吸收别人的经验，都是错误的、不可取的。我在这本书中着重介绍了自己教育孩子和学生的方法，以及在教育孩子和学生的过程中，遇到一些具体问题怎么解决。但是我要郑重声明，我的教育方法并非十全十美，不具有普遍性，把它写出来并出版的目的是想通过自己教育孩子和学生成长的过程，给教师、家长们提供一些教育方法上的参考意见。

我们这一代人在青少年时代都曾经有过远大的理想和抱负，有一种"舍我其谁"的革命精神，"关心国家大事"，"胸怀祖国、放眼世界"。但是随着时光的流逝，"风流总被雨打风吹去"。时代的风云变幻、家庭生活的磨练和自己的曲折经历，特别是两个孩子相继出世，使我萌发了要在孩子身上体现我的人生价值的想法。2005年《儿女双双进清华》出版以后，我曾经在送一位朋友的书上写了这么几句话："淡泊人生应酒茶，诗书纸笔伴年华。教儿教女自为乐，好雨好风护嫩芽。""好雨"出自杜甫五言律诗《春夜喜雨》："好雨知时节，当春乃发生。随风潜入夜，润物细无声。""好风"出自苏轼词《永遇乐》："明月如霜，好风如水，清景无限。"

在我们中国人看来，孩子才是我们心中美丽的花朵和初升的太阳，他们是祖国的未来，人类的希望。孩子就是我们的一切，是我们考虑问题的出发点。自从有了孩子，我就想，要让他们在光明和幸福中成长，让他们什么时候都感到"解放区的天是晴朗的天"。我常想，为了孩子，我什么苦都能吃，什么恶劣的环境我都能忍受，即使备尝艰辛，也甘之如饴。我的老伴是正式铁路职工，1995年拨到乌鲁木齐铁路分局多元化中心，曾经有半年多不发工资，甚至连最低生活费也不发一分钱。有时候发工资，也是多则三四百，少则一二百。我一个人要负担四口人的生活费用，这时儿子已经考上清华大学，虽然不交学费，但其他费用还是要的。女儿正在上高中，高中生一点也不比大学生省钱。我还考虑到两个小孩以后的发展，去美国留学，没有钱是万万不行的。为了供两个孩子上学，我利用业余时间拼命挣钱。老百姓挣点钱是很辛苦的，我在各种学校兼课，新疆师范大学、新疆教育学院、新疆广播电视大学、新疆老年大学、乌铁分局业校、党校、乌鲁木齐市一些中学以及各种学习班。无论冰天雪地、刮风下雨，课是不能耽误的，乌鲁木齐的雪，有时候下到四五十厘米深。除了代课，还搞各种类型的讲座，如给教师讲高考命题的趋势、给学生讲高考复习的方法、给家长讲怎样教育孩子等。参加各种命题工作，有自治区的会考题（即现在的学业水平测试题）、乌鲁木齐市教研中心高考模拟题、自治区和乌鲁木齐市考查历史教师的题、各种各样的高考复习题、高中历史检测题，我还给天津古籍出版社编了一本《历史高考最新精炼》。还要挤时间写文章挣稿费，给各种报刊杂志投稿。1997年10月，我曾经填过一首《虞美人·戏言挣钱》的词，记述我当时挣钱的辛苦和思想状况："报刊杂志何时了，推荐知多少？中巴的士奔西东，休问穿梭几处讲坛中。 人昏灯暗著文卖，爬格（指写文章，因为用的是方格稿纸）劲头在。寻章摘句赋登楼，早把功名诸事付东流。"

上帝是公平的，两个孩子先后完成了我为他们设想的求学三部曲（即考上清华大学——读硕士研究生——到美国攻读博士学位）。老大张庆海是男孩，1993年7月考入清华大学水利水电工程系。清华大学本科专业原来都是五年制的，他赶上了最后一班车，1998年本科毕业，保送该系环境流体力学专业硕士研究生。学习期间，在国内外杂志上发表多篇论文，进行了三峡水污染预测与控制方面的研究。毕业论文《浅水流动的并行数值模拟》结合国家基金项目"三峡库区水污染大规模数值预测"，首次在国内实现了浅水流动的并行模拟。这篇论文曾在2000年9月北京召开的第10届国际计算流体力学大会上交流。2001年硕士研究生毕业后，去美国康奈尔大学（Cornell University，位于纽约州伊萨卡市）攻读环境流体力学博士学位。2008年10月～2011年9月，在劳伦斯·伯克利国家实验室(Lawrence

Berkeley National Laboratory)从事高性能计算和应用数学方面的研究，主要课题是关于Navier-Stokes方程在超大型计算机上的自适应网格4阶精度的数值解。实验室拥有4000多名员工，其中包括朱棣文在内共有13名研究人员获得诺贝尔奖，年预算达6.5亿美元，2004年起由朱棣文担任主任。奥巴马当选总统后，提名朱棣文为能源部长，主要负责美国联邦政府能源政策的制订、核武器的研制和管理、防止核扩散等重要工作。2011年9月～2012年6月，张庆海在加州大学戴维斯分校（University of California at Davis）数学系从事生物数学研究，主要课题是关于生物细胞和细胞液相互作用的数值模拟。现在美国犹他大学(Univerisity of Utah)数学系，主要研究多相流和结构相互作用在心血管流动中的应用。他的数十篇学术论文，绝大多数发表在国际一流的学术期刊上，如：*SIAM Review, SIAM Journal of Scientific Computing, Journal of Computational Physics, Computer Methods in Applied Mechanics and Engineering, Coastal Engineering*等，受到权威专家的关注和好评。

　　老二张庆欢是女孩，1999年7月考入清华大学土木工程系，1999年9月2日《中国青年报》第6版刊登《清华大学1999年新生名单》，在"新疆维吾尔自治区"标题下，有"张庆欢"这个名字。2003年本科毕业，保送该系建筑材料专业硕士研究生。女儿读本科是自费的，读研究生期间，没有交学费。2006年7月，去美国普渡大学（Purdue University，位于印第安纳州西拉法叶市）攻读建筑材料专业，导师是美籍波兰人，欢欢是他招收的第一个中国大陆学生。现在女儿已经回到北京，在中国混凝土协会国际合作部工作。小海和欢欢都是通过托福和GRE考试，由美国大学发给全额奖学金。2006年4月23日，得到女儿去美国留学的消息，我非常高兴，欣然命笔，赋诗一首："留美佳音再度传，依稀是梦是人间。几回美酒春风里，又赋教儿教女篇。"7月19日，我领着女儿回到老家江苏省泰州市，"故乡亲友来相聚，送过小海送欢欢。"待了两天，我们回到北京。24日，女儿乘坐美国西北航空公司的飞机，15点45分从北京飞往美国纽约，先去她哥那儿待上一个星期，然后去普渡大学。我和老伴送到北京国际机场。

2007年6月20日，我和老伴乘飞机去美国看望两个孩子，在美国待了70天，住在康奈尔大学附近。7月4日，我们全家观看了华盛顿举行的美国独立日庆祝活动，并游览了华盛顿、巴尔的摩、费城、纽约。8月，我们去尼亚加拉大瀑布、芝加哥、斯普林菲尔德（伊利诺伊州首府，林肯、奥巴马等都曾在这儿任州参议员，并从这儿出发，去华盛顿担任美国总统）旅游，专门到欢欢就读的普渡大学参观。现在，两个孩子都走上了工作岗位，我作为家长的任务，算是基本上完成了。他们将在新的人生道路上，解决新的问题，迎接新的挑战，创造新的快乐和幸福。

目
录　　　　　CONTENTS

# 三、小孩成长必须有一个良好的环境

# 四、培养孩子健康的学习心理和竞争心理

# 五、结束语 / 214

# 一、父母最好自己带孩子

# 1．我的经历很平凡

现在有一句口号："为了一切孩子，一切为了孩子，为了孩子的一切"。可以说，中国的父母是全世界最操心的父母了，从孩子一出生到长大后上什么学校、找什么工作，以及谈朋友、找对象、买房子、结婚，甚至孩子又生了孩子，都要管，都要操心。

2002年9月，我去沈阳，我的一位大学同班同学向我诉苦："孙子上学，找我要钱，外孙上学，也找我要钱。"我开了句玩笑："我要到那一天，我就是世界上最幸福的人了。"我俩的思想有异曲同工之妙，富有中国特色！2012年6月25日，虽然姗姗来迟，我也终于有自己的外孙了，他叫邵渐明，小名邵宝宝。当天，我搜肠刮肚，东拼西凑成七绝一首："早语观音晚语神，何时我也抱孙孙。喜闻宝宝从天降，极目人间处处春。"这首诗有点像顺口溜，但确是我真实感情的表露。我有时开玩笑："中国人总是隔代亲，我觉得外公、外婆最好，小海、欢欢与奶奶最亲，我的小外孙长大了肯定会说姥爷最好。"

我们中国，许多家长都把孩子看作未来的希望，富贵者视金钱、权力如粪土，一定要把孩子培养成人，光宗耀祖；贫困者盼望子女成才，改换门庭。一个人，事业上取得的成就再大，当上大官，成为大款，闻名天下，如果没有儿女，或者儿女不争气，似乎也是很大的遗憾。这就是我们中国的国情。有位经济上并不富裕的家长说："只要儿子能考上大学，我就是卖血，也要供他读书。"真是可怜天下父母心！

我和普天下所有的父母一样，有着强烈的"望子成龙、盼女成凤"的愿望，我把教育儿女成才看作是人生价值自我实现的表现。儿子小海（学名张庆海，出生在江苏省泰州市，因泰州古称海陵，而他们这一辈孩子的名字以"庆"字排班，故名庆海）还没有出世，我就觉得应该做一个合格的父亲，不仅仅在生活上抚养他，让他吃饱穿暖，更重要的是，我生了他，我就要把他培养成人，培养成对社会、对国家、对人类有用的人才。我经常给孩子说："我不是要你们做书呆子、做腐儒，而是要你们成为有用的人才。"

我是1966届的高中毕业生，在那样一个特定的年代，和千千万万的老三届学生一样，我失去了上大学的权利，成为那个所谓的"革命"时代的试验品、牺牲品。当时，我们还算沾了边疆地区和铁路局的光，没有下放到南北疆的农村。1970年5月先是下放到哈密铁路"五七"农场，第二年7月1日抽调到乌鲁木齐铁路局乌鲁木齐水电段水道大修队当工人，整天在铁路沿线挖沟，铺设水道。当时，各种各类学校，包括师范院校全部停办，所以各中小学的师资严重缺乏，加上我的身体瘦弱，不堪繁重的体力劳动，1973年5月调到乌鲁木齐铁二中（即现在乌鲁木齐市第69中学）当了一名历史教师。那个时候，"工人阶级领导一切"的口号喊得震天响，教师待遇却很低，我们铁路系统，教师的工资要比工人低一个档次，还要戴上一顶"臭知识分子"的帽子。到了铁二中以后，我经常开玩笑："我是一夜之间，由'领导阶级'变为'臭知识分子'的。"当时粮食定量，在水电段，我们属于普通工，每月50斤；教师属于干部，与普通居民一样，每月只有28斤，还没有中学生的定量高（初中生每月32斤，高中生33.5斤）。所以当时对于由工人到教师，还有一句俏皮话："升官不发财，定量抹下来。"

我们国家自古以来就有尊师重教的传统，"天地君亲师"嘛！但是，自从20世纪五六十年代的教育革命以后，把教师看成"资产阶级知识分子"的一部分，变相地号召学生批判教师，这个传统就逐渐冲淡甚至改变了，到"文化大革命"期间登峰造极，公开号召学生批斗教师。教师辛辛苦苦把学生培养成人，而学生却不尊敬教师，轻视教师这个职业。加上教师待遇低，工资比工人要低一个档次，当时我的很多同龄人以不当教师为荣、为"清高"。有些女孩子找对象都不找教师，有人给我介绍了个对象，她一见面就问我："你在水电段工作得挺好的，为什么要到铁二中当老师呢？"最终扬长而去。

"文化大革命"结束后，在很长一个时期内，不少学生明确告诉我："我将来干什么都行，就是不当老师。"填报志愿时，大多数学生就是不填报师范院校，或者说上一句："如果不行的话，报师范院校也可以。"我听了这些话，心里真不是滋味。这种情况，一直到90年代中期以后，由于教师的待遇不断提高，才有所改变。

可是当时我为什么选择教师这个职业呢？在农场，我一直在场部办《再教育》小报，搞宣传工作，没有干过多少体力活。在水电段将近两年的工作让我终身难忘，工长规定我们每人每天要挖出5方土，这对于一个身强力壮的小伙子来说，不是什么困难的事情。但对于我来说，无疑是天方夜谭。尽管有些工友也帮助我，但总不是长久之计。任务完不成，其它一切无从谈起，所以这时候也就顾不得什么待遇啊、名分啊、臭啊、香啊，只好到铁二中当老师，先逃避繁重的体力劳动要紧。当了教师以后，我感到太幸福了，原因仅仅是不需要再干繁重的体力劳动。在今天看来，这个要求太低了。那个年代，每个学期都要给学生安排两个星期以上的劳动，我作为班主任，领着学生劳动，带头挖个树坑，捡捡麦穗，搬几块土坯，都要受到学生的尊敬和赞扬，他们千方百计地找各种理由不让我干活。

不少人看不起中学教师，但是我以为中学教师是个理想的职业，做一个合格的中学教师是不容易的，需要付出许多艰辛的劳动。有一次，我去献血，在血站遇到一位乌铁分局某段的党委书记，他跟我们学校的一位老师说："等到我实在混不下去的时候，就到你们学校当老师。"我立即凑过去说："我们学校不是废品收购站，像你这样的人到我们学校当老师，只能做一个混日子的老师，你要做一个够格的老师，得好好钻研业务。"

　　我常常想，如果按照佛教的说法，有来生的话，我还要当中学教师。工作固定，工资按时发，有些单位经济效益不好，但是领导再三强调，老师的工资不能拖欠。教师这个职业基本上摆脱了繁重的体力劳动，一年还有两个假期。尤其是我教了四十多年书以后，真是"桃李满天下"，到处都可以遇见学生。很多场合，我已经没有印象的人，自称是我的学生，说我教过他（她）。每当这个时候，我的心里充满了成就感和自豪感。有时我还以此经历和体会去教育年轻教师，让他们知足，"知足者常乐"，一个人的欲望越少，他就越快乐。我还告诉他们，要珍惜自己美好的工作，不要总是"怀才不遇"，抱怨"千里马常有，伯乐不常有"，"这山望着那山高"。

　　我是在1974年国庆节结婚的，到现在已经30多年了，结婚的时候27岁，在当时，应该算晚婚中的晚婚了。婚礼给我印象最深刻的是，毛泽东的红宝书丰收了。我们这个年龄的人，由于各种特殊原因，把全部希望都寄托在孩子身上。我的儿子张庆海是1975年8月6日出生的，还没有出世，我就琢磨怎么教育他。可是那个时候找一点教育学、心理学方面的参考资料或书籍，谈何容易！因为在那个把革命喊得震天响的时代，只出版马克思列宁主义、毛泽东思想等政治书籍和"文化大革命"的各种文献，当然也只允许读这些书。记得林彪还没有出事的时候，大概是1970年年底，我乘火车去火石泉（哈密铁路"五七"农场所在地），拿了一本马克思、恩格斯的《共产党宣言》。说句心里话，我只不过想在读书方面换换口味。一位在车上值勤的解放军战士，看样子也是有点文化的小青年，他劝我把《共产党宣言》收起来，多读毛主席的书，"毛泽东思想是当代最高最活的马克思列宁主义"，是马克思列宁主义的顶峰，学习毛主席著作是学习马克思列宁主义的"捷径"。他倒没有贬低马克思、恩格斯的意思，只是反映了当时盛行的个人崇拜的一个侧面。其实我们天天都在"早请示，晚汇报"，一年到头都是"宝书不离手，语录不离口"。"文化大革命"后期，为了点缀一下"莺歌燕舞"的升平景象和"百花齐放"的文艺天地，又出版了少量的鲁迅著作和《红楼梦》《水浒》等文学作品。总算可以在革命大批判的旗帜下，看一些古典小说了。

"文化大革命"一开始，对心理学、教育学一窍不通的"四人帮"就诬蔑心理学、教育学是"伪科学"。在这种情况下，到哪儿去找儿童教育学和心理学方面的书籍或文章啊！因为当时乌鲁木齐的生活条件比较差，物资供应紧张，1975年夏天，我母亲送我的妻子从乌鲁木齐回我们老家江苏省泰州市生第一个孩子。

放暑假后，我也赶回泰州，路过上海，在一位亲戚家里偶然看到一本这方面的书，是"文化大革命"前出版的，书名已经忘记了，里面有一些关于怎么教育孩子的内容。现在想起来，也是比较简单地、"蜻蜓点水"地说说而已，但我却如获至宝，一连看了两遍。书中强调用人奶喂养的孩子健康、聪明，而用牛奶或其它食物喂养的婴儿有可能得低智商症。千百年来，中国普通的老百姓都是给孩子吃人奶，人类是进化而来的，人奶肯定最适合孩子发育成长的营养需要。现在有些年轻的妇女奶水很充足，但是为了保持自己的漂亮体型、娇美容颜，误听某些奇谈怪论，不给孩子吃自己的奶水，而用牛奶喂养小孩。牛奶虽然营养丰富，但是最适合的还是牛娃子的发育成长，哪儿有人奶喂养小孩好呢？据科学家讲，母乳中所含的某些人体必需的营养元素是其它任何动物所没有的，尤其是婴儿从母体中吃到的第一口乳汁，有着无可替代的营养价值。动物或生物奶制品根本寻不到脂肪酸的影子，而脂肪酸可以有效地促进婴幼儿大脑神经系统的发育，提高儿童的智商。这种被科学家比做"黄金"的脂肪酸（DHA）就存在于母乳之中，为什么不留给孩子而要白白浪费掉呢？总不能为了自己，苦了孩子。我们家的两个小孩都是按照中国老百姓的传统习惯，吃人奶长大的。我们老家还流传着一种说法，恋奶的孩子不聪明，我们的两个孩子都是不到一岁就断奶了。我想他们的聪明、健康是不是与这些情况有一定的关系呢？不过我没有找到什么科学依据。我赞同这样的观点：年轻、健康的母亲生的孩子健康、聪明。小海出生的时候，他妈23岁，欢欢出生的时候，她妈还不到30岁。有一个时期，为了宣传晚婚晚育，有的地方过了头，毫无根据地说30多岁妇女生孩子（指第一胎）最好，这是反科学的，是给青年男女发出的错误信号。

我的原籍是江苏省泰州市，老伴是甘肃省天水市人，有人说这样的结合生的小孩聪明，据说不同民族的青年男女结合、中国人和外国人结合生的孩子更聪明。我谈这些的原因是经常有人给我提一些问题，如你的孩子是吃人奶长大，还是吃牛奶长大的？孩子多大断的奶？你的妻子多大年龄生第一胎？你们夫妻之间有没有亲戚关系、是不是同乡、两人的老家离得远不远等等。

我们夫妻俩的个子都不高，我身高1.65米，我的老伴1.50米。我在50岁以前，体重没有超过50公斤，考大学体检，我还揣了块石头。由于遗传方面的因素，儿子和女儿身体都不高，儿子身高1.71米，女儿1.60米。由于个子不高，欢欢上初三的时候，遭到有些同学的嘲笑，说她是根号2。我就安慰她："个子高了，中看不中用，我们老家有句话叫傻大个儿。个子矮的只长心眼，不长个子，所以个子矮的聪明。报纸上讲，人的内脏的大小和功能是差不多的，个子矮的人单位面积的负担小，因此长寿。最实惠的是，个子矮的人吃饭穿衣都省钱。菲律宾有位外交部长，只有1.50米的个子，他就说矮个子好，如果有来世，他愿世世代代都做矮个子。"一席话哄得欢欢喜笑颜开。实际上，矮身材比高身材更具有健康优势，身材过高容易造成四肢供血困难，动作不灵活，心脏负担过重，患癌症的几率比矮身材的要高，并易患精神紧张症。有人分析女子寿命长的一个重要原因就是身材一般比男子要矮。2004年6月下半期《医药保健》杂志载："湖北省对88名百岁老人的调查表明，他们的平均身高为143厘米，体重38公斤，调查报告把'瘦小的体型'列为长寿的第一要素，这个结论和世界各地学者的研究成果是不谋而合的。美国科学家曾调查了已故的750名男士，包括总统、运动员、科学家、文学家、艺术家等，分析身高与寿命的关系。以1.73米为分界线，发现身高每增加1厘米，预期寿命就要减少1年。在其他条件完全相同的情况下，矮个子都比高个子长寿，平均寿命长9～11年。德国有位教授对百岁以上的老人进行调查，结果显示：165名男寿星平均身高为1.67米，410名女寿星平均身高为1.57米。美国有位心脏病专家调查巴基斯坦91位长寿老人，发现他们平均身高为1.60米，均为矮小身材。日本有个长寿村，80岁以上老寿星身高多在1.50米～1.60米之间。"前几天，网上报道，印度一位老太太113岁，身高只有90厘米，并附了一张照片。有人提出："如果中国人每人身高增加1％，体重便相应增加3％，其结果相当于多养活3000万人。"（赵致真《我们应该长多高》）杰出的经济学家舒马哈说过："人是小的，小是美丽的，追求庞大，就是自杀。"

在上海看的那本书还提到胎教，强调孩子应该从小教育，给我很大的启发。其实，"胎教"在我国古代早已有了。南北朝时期有位学者颜之推，他为了教育后代，专门写了一本书——《颜氏家训》，在这本书的第一篇《教子》篇就谈到胎教："古者圣王有胎教之法，怀子三月，用居别宫，目不邪视，耳不妄听，音声滋味，以礼节之。"颜之推的所谓"胎教"，实际上就是以儒家的道德规范来约束孕妇的行为，"非礼勿听，非礼勿视，非礼勿言，非礼勿动。"避免刺激胎儿，给胎儿一个健康成长的良好环境。不像我们今天有些人搞的胎教，买个录音机，把声音开得大大的，放在孕妇的肚子上，天天折腾，那还能不生个怪胎？我们家两个孩子都没有搞胎教，当时没有这方面的宣传，《颜氏家训》我倒是早看过，仅仅凭这一点，我还不太相信。另外，也没有条件，老伴还要上班挣工资。我的孩子有时抱怨我们没有给他们音乐细胞。我说，这不是胎教的问题，主要是遗传，我和老伴就没有音乐细胞。上帝是公平的，好事不可能都给一个人。在音乐方面，两个孩子比我强，虽然没有音乐天赋，但都喜欢唱歌、弹吉他，表演舞蹈、话剧、小品等文艺节目。看书、做作业烦了，高考复习累了，小海就大声唱歌解乏，唱得最多的是《我是一只小小鸟》，一开始就是"我是一只小小小小鸟"，"小"要连续唱好几个，我就给他开玩笑："你小心成为结巴。"说得小海直摇头："我爸爸是个音盲。"

## 2. 疼爱无度，教育有方

生命是美丽而宝贵的，孩子是我们自己生命的延续，他们花蕾般的生命尤其需要珍爱。我以为，要想教育好孩子，首先要疼爱孩子。我们要明确教育孩子的目的是为了孩子健康地成长，而不是折腾孩子。前苏联教育家马卡连柯说："孩子是活生生的生命，是美好的生命。"他们来到这个世界上，是不容易的，只有几万亿分之一的可能。马卡连柯还说："没有父母的爱，所培养出来的人，往往是有缺陷的人。"幸福的家庭往往会有优秀的子女，父母之爱，是影响子女健康成长、智力发展的重要因素。而父母离异、家庭破裂对孩子成长过程中心理、性格的形成，以及他的学习、生活都有可能产生负面的影响。

与孩子建立良好的关系，是我们教育孩子、使孩子健康成长的基础，因此我们要疼爱自己的孩子。只有疼爱孩子，了解、理解、信任、宽待、鼓励孩子，才能教育好孩子。当然，疼爱不等于娇惯、放纵。有人说，疼爱可以无度，但是教育必须有方，这话是对的。如果疼爱变成了溺爱，就会走向误区。每个孩子都有可能成为一只搏击长空的鹰，但父母的过度溺爱会使孩子负面成长，就有可能变成一只鸡。

有了儿子以后，我最喜欢背诵鲁迅的一首诗："无情未必真豪杰，怜子如何不丈夫。君看兴风狂啸者，回眸时看小于菟（即小老虎）。"后来我到北京师范大学历史系上学，把这首诗抄写在儿子一张照片的后面，并且经常拿出来给我们班同学炫耀。

孩子一生下来，我就注意保存他们的照片，当时用120相机照的照片不像现在全自动相机能自动标注日期，我还得在照片上写上日期，现在小孩最早的照片是他出生后10天照的。以后小孩给我写的信、逢年过节寄的贺卡，我都放好，现在保存最早的有小海3岁时给我写的很简单的信，除了称呼，只有一句话。当时我正在北京上学。随着孩子的成长，我还保存了他们上学以后的获奖证书、录取通知书，还有小学、初中、高中、大学的毕业证书，甚至有些作业本、日记本等。我自己的东西也保留了不少——工作以后的工资条、汇款单、电话费和水电费的收据，几十年来到各地旅游的飞机票和登机牌、火车乘车凭证、站台票、长途汽车票、旅店住宿的发票、公共汽车票、地铁票、旅游景点门票。我从北京20多年来的公共汽车票和几次参观故宫和其他旅游景点保存的门票上看到了我们国家社会发展的一个方面，"管中窥豹，略见一斑"。这大概与我的职业有关系，作为历史教学工作者，我很注意收集各种资料，包括旧报纸、旧杂志、旧课本、六七十年代的各种学习文件。我总是觉得，把孩子从小的一些资料保存起来，挺有意思的，对他们也是有用处的，至少他们长大以后，可以看到自己成长过程中的一个侧面。2003年底儿子从美国回来探亲，选了十二张从出生后10天到10岁的照片，基本上是一年一张，用电脑做了套"张庆海童年掠影"。

当然，疼爱孩子应该贯穿与孩子相处的始终，表现在各个方面：生活、思想教育、学习以及与他们的关系。有一位家长告诉我，孩子不听她的话，她已经有十几天和孩子不说话了，我说你和他不说话，你还怎么教育他呢？他做了错事，他还是你的孩子，你还是要疼爱他，不要和他赌气，要把你的正确思想变为他的行动。台湾作家柏杨说，"父母子女间的爱是天伦的爱，父母揍子女而仍爱子女，子女忤逆，也不能使父母改变心肠，亲情似海，十指连心，怎么跑都跑不掉的。而夫妻之间的爱是人伦的爱，可能一个巴掌就报销了十年婚姻。""人的爱是下倾的，故父母爱子女一定超过子女爱父母"。

我的母亲为了我们兄弟姊妹，历尽千辛万苦，给我留下了终身难忘的印象。所以我在处理各种事情的时候，第一考虑的是孩子，包括1982年大学毕业后我的分配问题。为了教育好孩子，我根本就没有考虑留在北京，或是去其他城市，比如我们老家江苏泰州，当然也没有作任何关于这方面的努力，而是毫不犹豫地回到了乌鲁木齐。我当时的想法是我现在离开北京了，十几年以后让我的小海和欢欢再考回北京上大学。1984年，我们系负责分配的党总支书记到乌鲁木齐招生，我带着小海陪他到敦煌莫高窟参观，他还问我当时为什么不愿意留北京或回江苏老家，我笑着指了指小海。后来也有不少朋友说，你要留北京，孩子照样能考上清华大学。我以为历史不能假设，甘蔗没有两头甜，万一哪个环节出了差错，就一失足成千古恨。我当然知道留在北京工作比后来又回到铁二中（69中）在各方面要好得多，现在在北京工作的同班同学的状况也证明了这一点，但是当初为了孩子，"我不下地狱，谁下地狱"，所以我绝不后悔。

# 3. 自己带大的孩子跟自己亲

现在回过头来总结经验，我自己的切身体会就是孩子要自己带。无数的经验证明，谁带大的孩子，就对谁有感情。由于那个时代造成的特殊原因，我母亲在我很小的时候，就为了我们全家的生活而到处奔波，从泰州去了上海，又从上海到了天水，接着去了宁夏的中卫、银川，以后又循着兰新铁路的修筑，到了哈密、七角井、鄯善、乌鲁木齐。我从小跟着外公和外婆长大，我对外公、外婆的感情就超过了我的父母亲，我的性格和我教育孩子的方法就有我的外公的影子。后来外公、外婆相继去世，我母亲在我的心目中才逐渐占据了主导地位。

"文化大革命"中百业俱废，各单位住房都很紧张，我们单位铁二中一直没有给我分房子，我只好与父母亲挤在一起，自己打土坯、盖房子。可以说，孩子是我们和他的爷爷奶奶共同带大的，我们还要上班，童年时期当然主要是爷爷奶奶带的。我母亲带孩子很有经验，孩子的成长是与她老人家的教育分不开的。

我们兄弟姊妹6人，共有孩子11个，最大的孩子是1970年出生的，比小海大5岁，最小的孩子是1990年出生，两人相差20岁。其中有七八个孩子都放在我父母亲这儿，都是他们带大的，我和父母亲住的院子，就像是一个小幼儿园。所以我们的孩子虽然没有上过幼儿园，却也从小生活在群体之中，没有现在独生子女的孤独感。现在我还保留了几张照片，是我父亲领着五个孩子在院子里做游戏，还有我们这个大家族的合影，以及几个孩子的照片。

我从我母亲那儿也学到一些带孩子的经验。我母亲经常说："带孩子不简单，宁可饿着了，不能撑着了；宁可冻着了，不能热着了。饿着了，冻着了，好办；撑着了，热着了，麻烦。"并反复关照我们，水火无情，带孩子，要注意不要让开水、火烫着，往热水瓶里灌开水，要远离孩子；领孩子玩，要远离火炉（当时火车西站的一般家庭都是靠生火炉做饭、取暖）。她还给我们讲一些这方面的教训，我也亲眼看见过被开水烫伤的小孩，留下终身的残疾。

孩子刚学会走路，我母亲就关照孩子歪歪扭扭走的时候，不能离人，不要把木棍、筷子给孩子玩，以免跌倒的时候，碰到了眼睛，不能让孩子把筷子含在嘴里，以免不小心戳伤了喉咙。有一次，小海还不到一岁，要我们绞指甲的剪刀，不给就哭。我母亲坚决不给，说不要怕孩子哭，哭是哭不死的。如果顺着他，把剪刀、小刀之类的东西给他玩，把身上戳破了，后悔就来不及了。疼孩子要疼在心里，不要疼在脸上，我们老家有句俗话说对孩子有好心不要有好脸，就是这个意思。孩子想要什么就给什么，想怎么样就怎么样，容易养成孩子任性的习惯，不利于孩子的成长。法国著名的启蒙思想家卢梭说："你知道用什么方法一定可以使你的孩子成为不幸的人吗？这个方法就是对他百依百顺。"我还经常把上述经验传授给一些刚当上父母的年轻人。

1978年10月初，小海3岁多，我去北京上学，在这之前的时间里，我一直和小海生活在一起。从北师大毕业回来后，学校分给了我一套校园内新盖的平房，只有上水道，没有下水道，两室，没有厅，将近30平米。比起现在的住房来，条件差得很远，但是我已经很满足了，平生第一次有了自己的"窝"。

我决定搬家后把孩子带到身边。爷爷、奶奶疼爱孙子、孙女，尤其是奶奶，几次和我商量，要把孩子留下。我认为谁把孩子带大的，孩子就跟谁亲，我一定要克服各种困难，把孩子带走。后来，经过好说歹说，我把小海带到身边，考虑到欢欢当时还不到两岁，我们还要上班，就给奶奶留下了，这一留，就是12年。每个星期，我和老伴都过去两三次看看孩子，女儿一直到小学毕业才过来。就这样，我总感到，在好几年的时间里，女儿和我们不是特别亲热。有人说"隔代亲"，这话不假，不过这个"亲"，大部分的内容包含着娇惯、溺爱，对孩子严格要求的比较少。一些年轻人因为各种各样的原因，把孩子交给自己的父母亲带，孩子大了，才带过来。在一起生活的过程中，渐渐发现孩子不听话，跟他们没有感情，出现所谓的"代沟"，这时候抱怨已经晚了，"早知今日，何必当初"。孩子跟爷爷奶奶或姥姥姥爷亲，在成长的过程中，有些不良的品性、习惯已经养成，要拧过来谈何容易？不是你带大的，打一下，或者训斥两句，即使是正确的，孩子也不服气，容易产生逆反心理和对抗情绪。

现在，许多同事和朋友经常给我开玩笑："你不应该计划生育，应该多为国家培养几个人才。"其实事情没有这么简单，这个第二胎生得也是不容易的。1975年生了小海以后，我们已经响应党和政府的号召，1980年5月领了独生子女证，后来在我母亲和老伴的坚持下，我们又要了第二胎。1982年1月1日之前，在乌鲁木齐，政府是允许生两胎的，我记得当时宣传的口号是："一个太少，三个不要，两个正好。"只是要求两胎之间有一个四年的间隔时间。到了1981年，这时小海已经6岁，乌鲁木齐在法律上、政策上还可以生第二胎，但是已经强调计划生育，开始宣传"一对汉族夫妇只生一个孩子"。有了第二胎以后，负责计划生育工作的同志经常找老伴做工作，让把孩子打掉，老伴一天东躲西藏的，有点像"超生游击队"。1981年5月，还领着小海到北京躲避了十几天。

我当时还在北师大上学，我在原单位的领导居然还通知我们学校，让他们做我的思想工作，幸好我们历史系置之不理，系党总支书记后来对我说："我们系教职工的事都管不过来，哪儿还有精力管学生的事？"我知道实际上这是在庇护我。1981年10月28日，离1982年1月1日只差两个月，我们的女儿欢欢出生在乌鲁木齐火车西站铁路医院。

当时我们班正在北京市丰台区教育局所属学校实习，按规定教龄满3年的可以不去实习，我利用这样的机会，专程回了一趟乌鲁木齐，在我动身回北京的当天中午12点10分，欢欢出生了。

我母亲经常说我这两个孩子生得称心如意，想要男孩生男孩，想要女孩生女孩，还有些同事、朋友说这两个孩子结合了我们夫妻俩的优点。其实按照我的意思，既然领了独生子女证，不要就不要了吧，省得单位尽来找麻烦。我母亲坚决不同意我的意见："你懂个啥？两个孩子比一个孩子好，相互之间有个帮衬。"

欢欢出生后，单位让她妈写了份检查，交出独生子女证，把这几年领的独生子女费（每个月5元）退回去，三个月不许上班，当然也就不发工资，同时罚款160元，即夫妻双方各交80元，可以给小孩报户口。给小孩起个什么名字呢？我开玩笑地说："干脆叫'罚罚'，罚款了嘛！"我妈立即表示反对："难听死了，让孩子从小就背上包袱，一辈子都不痛快。"我的老伴说："干脆就叫欢欢吧。"当时中国送给日本的熊猫，有一只就叫欢欢。正因为这样，小海和欢欢之间的间隔时间比较长，6岁零两个多月。有一次，欢欢放学回来说："我们老师说独生子女好，要不是我哥，我就是独生子女了。"气得小海找我评理："我还没有说欢欢，她倒说我了，要不是她，我现在还是独生子女呢！"一直到现在，一提到这件事，欢欢还对我有意见，说："要不是我奶奶，就没有我了。"不少人也给我开玩笑，说要依了你，国家就少了一个人才了。

欢欢从小跟着奶奶长大，1993年小学毕业到我这儿来以前，一直和奶奶睡一个被窝。我就明显地感到两个孩子对我的感情不完全一样，欢欢自己也说："我从一生下来，就一直在奶奶家长大，对奶奶感情深厚。"具体情况具体对待，我对他们的教育方法当然也有所区别。除了我在北京上学的4年之外，小海一直和我在一起，批评教育他，语言上轻了、重了，都没有多大关系，小时候被打几下，眼泪一抹，还是我爸爸长、我爸爸短的。小海特别注意维护我的形象，他上小学四年级，有一天我带他进城，搭我们学校的便车，我临时去有点事，正好我们学校有两位老师背后议论我，小海认为是说我的坏话了，就和他们顶起牛来，幸好我及时赶来，避免了一场冲突。我告诉他："没关系，这算什么事儿，其实这两个老师不一定说的就是坏话。即使说了，又有啥呢，人都有缺点错误，刘少奇说：'哪个人前不说人，哪个背后无人说。'"

欢欢是女孩，从小在奶奶面前长大，到我这儿以后，我批评教育她，语言总是要仔细斟酌，用词总是要慎重考虑，避免她把我和奶奶做对比，产生抵触情绪。欢欢六七岁的时候，得知她哥集邮，也要集邮，我说："好，你说要买多少套邮票？20套行不行？"欢欢抱着一种怀疑的口吻问："一张一套的？"一张一套的邮票也有值钱的，例如猴票，面值8分，现在邮票市场炒到12000多元。欢欢是个孩子，又不懂集邮，以为一张一套的邮票便宜。不过她问话的意思我很清楚，是说我偏心她哥，给她哥买贵重的邮票，给她买便宜的邮票。

到我这儿来以后，有一次，我批评她，她一边哭一边说："你偏心我哥，你咋不说我哥呢？"我说："你哥小时候还挨过打呢，我说他你见了？"这才不哭了。还有一次，为一件事，具体什么事记不清了，我狠狠批评了她，她居然怀疑是不是我亲生的女儿，甚至天真地想，"如果我不是他的孩子，也许就有一个慈祥温和的爸爸"。这几天翻日记，我发现关于同一件事情，我俩的记载就不一样，当然看法也不一样。

1996年5月8日，我的日记记载："晚上，我将物理竞赛获奖的消息告诉欢欢，欢欢情绪不太高涨，说化学（指中考铁二中第一次模拟考试）没有考好，我马上鼓励欢欢，化学没有考好就垂头丧气，这不是我们欢欢的性格，要意志坚强，底下还有四门功课，好好努力。"欢欢没有泄气，夺得了这次模拟考试的第一名，比第二名高出几十分。但是在同一天的日记，欢欢的记载就不一样："当爸爸第三次唠叨起'唐博获自治区一等奖，李长江乌市一等奖，张庆欢乌市二等奖'时，我再也忍不住，冲进房里，把门狠命一关。好像是我的错一样的，我又何尝不想取得一等奖，又何尝不想努力，我已经尽力了，……我此时需要的是鼓励，不是打击！"我是从鼓励的愿望出发，不过多说了两遍获奖的状况，欢欢的反映却是"打击"。教欢欢语文的老师却比较理解我，在这篇日记的批语中说："依我对张老师的了解，他是在鼓励你，希望第一的是你，而不是'他'，正像我一样，每次拿到试卷，总想最高分该是欢欢。"

1996年11月8日公布数学成绩，欢欢考得不理想，"我迷迷糊糊地走出教室……去给家里打个电话吧，也许听到爸爸的鼓励，我就会坚强起来……用颤抖的手拨通电话，我犹豫了一下，轻轻地说：

‘爸，我没考好。’期待中的是爸爸关切的话语，或是温暖的鼓励，可……‘怎么回事？’语气如此之冰冷，冷（得）我的心不由凉了半截，我甚至看到了爸爸紧锁着眉头，心里满是怒火。‘就这样，回家再说吧。’‘啪！’电话那端无情地挂上了，只传来‘嘟——嘟——’的声音，我的心像被刀割了一样的，惨痛而无奈地挂上了电话。我不知我是如何离开商店，走回宿舍的，我只觉得那段路好长，好长，只有无数的人与我匆匆擦肩而过。到底谁来理解我呀？为什么一向鼓励我的爸爸也变了呢？还是他想让我坚强起来？”第二天，她自己坚强起来了，“自己的事自己做，爸爸总不能跟我一辈子，他的鼓励也不能安慰我一辈子，我下决心，即使这次回来爸爸训我，我也不会消沉，要坚强，鼓励自己！”

重要的事情，对我触动比较大的事情，我都记录在案。我查了我的日记，这一天没有记载这一件事，可能我当时随便说了一句，“说的人无意，听的人有心”，正在为数学成绩而难受的欢欢就浮想联翩了。相反的，据我的日记记载，鉴于欢欢期中考试成绩不理想，1997年元旦，我和老伴送她去车站的路上，预祝她期末考试考个好成绩的同时，再三关照她“只要尽了力，即使成绩不理想，也没关系”。

当然，这些事情，如果发生在小海身上，就不会出现这种情况。小海是我带大的，我跟他说话比较随便，很少斟词酌句，他能充分理解我对学习成绩的态度和说话的用意，很少发生误会。当然，随着年龄的增长，欢欢逐渐体会到父母对她的疼爱，我们之间的“代沟”逐渐弥合。在奶奶的教育下，欢欢从小就养成了不乱花钱，有点钱就存起来的习惯，所以在经济上，我对她要比小海宽松得多。欢欢上了初中，到我这儿，春节的压岁钱只没收一半，或者让她用压岁钱交学杂费、书本费，剩下的都是自己的。而当时小海的压岁钱是全部上交，一直到大学一年级，我把他的奖学金、压岁钱还算到伙食费里，从大二开始，经济上才对他逐渐宽松。

# 二．重视孩子的全面发展

# 重视孩子的全面发展

父母对孩子的关心应该是全面的，身体健康、品德教育、智力培养，不可偏废任何一方面。像我这样经历的人，平时把主要精力用于两方面：一方面抓自己的业务，在教学的实践和研究上实现自己的价值；另一方面，培养孩子，使他们成为对国家、对人类有用的人才。

作为家长，我很关心孩子在思想上的进步和成长。我给他们讲党的十一届三中全会以后改革开放给我们家带来的变化，讲邓小平对我们中国历史发展的巨大贡献。我经常说："你们出生在一个好时代，要珍惜来之不易的幸福。没有十一届三中全会和邓小平，我和你们都不可能上大学，更不可能到北京上大学。"我是由衷地拥护和支持党的十一届三中全会以来的路线、方针、政策，感谢邓小平、党中央的改革开放政策给我们家生活带来的巨大变化。孩子对邓小平虽然不是很了解，但还是有感情的。1997年2月20日，欢欢在日记中记录了邓小平逝世的消息，"这个消息无疑是一个重磅炸弹，教室里沸沸腾腾。同学们交头接耳，纷纷议论，又都不相信是真的。……他的逝世，是党和人民巨大的损失，上至主席江泽民，下到百姓，心中一定是悲痛万分了。而今天早上，天一直阴阴的，也像在为他哀悼。愿邓小平爷爷在地下安息！虽然我不了解他，但心中也有一种难以说出的痛失之情。"25日的日记又记载了他们班在收看邓小平追悼大会实况的情况："今天上午10时，整个教学楼都沉浸在一种严肃而哀伤的气氛中。那低低的哀乐震撼人心，教室里一片抽泣的声音。此刻，我们站在座位上，为敬爱的邓爷爷默哀。"

尽管我这一生没有入团、入党，但是孩子在小学，我关心他们入队；孩子上了中学，我关心他们入团；两个孩子考入清华大学以后，我关心他们入党，在我的叮咛下，他们都写了入党申请书，积极听党课，争取入党。同时，我要求孩子树立集体主义观念，培养他们的集体主义思想，支持他们参加社会公益活动，儿子担任学习委员，女儿在小学担任少先队大队学习委员、中学担任学习委员、副班长、学生会干部等。欢欢上实验中学以后，我一直鼓励她参加竞选学生会的干部和班干部，我认为这不但不会影响学习，相反会促进学习。

一个好学生，应该德、智、体、美、劳诸方面全面发展。有时，欢欢星期六回来，赶上下雨或下雪，我给她请好假，星期一早上再回去。而她每次都一定要在星期天赶回去上晚自习，遵守学校规章制度，从不迟到早退。她当上住校生生活部长以后，经常到批发市场给同学购买食品，为了降低成本，在买食品的过程中，和小商贩讨价还价，能省一毛就省一毛。有几次还让我帮助找车，大多数时候还是她和同学乘公共汽车去火车南站附近的月明楼食品批发市场，买方便面、火腿肠、面包、饼干等食品，东西买好了，再打出租车回学校。她还做到帐目清楚，收支平衡。就这样，她一直坚持到高中毕业。两个孩子多次被评为学校、铁路局、乌鲁木齐市、自治区级的三好生。

一个好学生，仅仅学习成绩好是远远不够的，还要培养各方面的能力。我对孩子说，我不要你们当书呆子，我要培养你们成为对社会有用的人才，具备应付社会和以后工作的各种能力。这些能力包括适应社会的能力、与人交往的能力、演讲能力、实践能力等等。

为了培养小海的演讲能力，我订了《演讲与口才》杂志，买了几本名人演讲录。在他上高一的时候，为了进行爱国主义思想教育，锻炼学生的演讲能力，我们历史教研组举办了专题演讲比赛，题目是《当我唱起国歌的时候》，规定不带讲稿，时间不超过5分钟，邀请语文老师、政治老师和团委专职工作人员参加，并担任评委。小海在这次竞赛中获二等奖。

小海除了坚持锻炼身体，爱好体育活动外，在其它方面也有着浓厚、广泛的兴趣，文艺上喜欢唱歌、弹吉他，有时候学习累了，听听音乐，大声地唱唱歌，或弹一会儿吉他解解乏，他还积极为班上表演文艺节目。另外，还喜次下象棋、下围棋、集邮、打游戏机。为了支持小海下象棋，我给他买了几本关于象棋方面的书，还给他订了一份《象棋报》。小海从小就有一股不服输的劲头，每次与我和我的朋友、同学下象棋，不赢一盘决不罢休。上小学时，经常和他的体育老师下棋。有一天，我看他翻从《象棋报》上剪贴下来的棋谱，说他在棋摊上被一位退休的爷爷下输了，要好好琢磨琢磨，再和他决战。过了几天，他高兴地告诉我，他赢了那个爷爷。

我从小学开始集邮，初中又开始集火花（即火柴商标）。1963年上了高中以后，一度中断。当时，社会上在全国青年和学生中开展了所谓"用阶级和阶级斗争的观点分析自己的所想、所见、所闻、所为"的政治运动，我们学校也不例外。这时候，一位朋友从捷克斯洛伐克给我寄来的一封交换火花的信件，有好事者作为"阶级斗争新动向"报告了学校领导，校长在大会上批评了这件事，并上升到反对修正主义的高度。作为一个学生，哪儿能顶住这种压力，我把收集的邮票和火花全部处理了。现在想起来，当然很可惜，但在当时还是明智的保全自己的措施，加上我们班的班主任魏志学老师对我很好，在他的保护下，学校也没有进一步追究。20多年以后，因为发现小海集邮，我又重新收集邮票和火花。1987年，小海开始偷偷集邮，用他攒的一点零花钱从邮票贩子手里买了一些邮票，被我发现了，我没有责怪他，反而又勾起了我重操集邮旧业的念头，我把相当一部分收入投资在集邮事业上，重点放在购买价值比较高、增值速度比较快的1974～1982年期间的JT邮票上。

欢欢的爱好虽不及她哥，但是也比较广泛，体育上除了长跑以外，还喜欢打网球、下跳棋、滑旱冰，还想学游泳。文艺上喜欢朗诵、表演文艺节目，水平不是特别高，但是非常热心，精神可嘉。初三上学期，当她参与的节目"青春恰恰恰"入选时，她非常高兴，"听到这个消息，跳舞的同学激动地紧紧抱在一起，太棒了！此时没有语言能描述我们的心情，男生也向我们祝贺，和我们一样高兴。"
（1995年12月27日）1996年12月5日，欢欢积极参加了1997年元
旦——她们进实验中学以后的第一个元旦——联欢会主持人选拔赛。
要过四道关口：自我介绍、应变能力、朗诵一首诗、当场表演（唱
一首歌）。欢欢唱的是："天上的雪，悄悄地下，路边有一个布娃
娃……"她轻轻地唱着，仿佛出现了风雪中的布娃娃，把它拾起来，
搂在怀里，把它抱回家，和它共享一个爸爸妈妈。她唱得很投入，动
了情，赢得了无比热烈的掌声。尽管后来没有入选，但她欢度高中时
期第一个元旦的热情却没有丝毫减弱，欢欢参与了两个节目：舞蹈和
小品。舞蹈在选拔时被裁下来了，小品在12月29日联欢会上演得很成
功，观众的阵阵掌声令欢欢和一起表演的同学很感动。

# 1．树立身体第一、品德第二、学习第三的观念

　　小海出生在一个蔑视知识和知识分子、轻视文化、大老粗和文盲至上的时代，虽然有时也强调一下知识分子在经济建设中的作用，但是总体上把知识分子划到资产阶级一边，作为"团结、改造"的对象。提到知识分子，总是和资产阶级、小资产阶级连在一起，如"资产阶级知识分子""小资产阶级知识分子"，很少提到"无产阶级知识分子"。无数的事实证明了真理越雷池一步，就是谬误。1978年3月，邓小平的《在全国科学大会开幕式上的讲话》中强调知识分子"已经是工人阶级自己的一部分"，从而极大地调动了知识分子的积极性。在这样一种形势的鼓舞下，特别是恢复高考后，中国科技大学少年科技班的招生，使我在教育孩子方面把学习成绩放在了第一位，我曾经多次对小海说："我就要你学习好，其他都是次要的。"

　　1986年秋天发生的一件事情，使我的思想产生了变化。当时我们住的平房只有上水道，没有下水道，一位朋友给了我几根铁管子，下水道铺好了，还剩了一根半，我就扔在院子里，长年累月没人管。一

天，我教过的一位学生从联防打了个电话，让我赶快去一趟。这位学生告诉我，小海和他的几个同学用架子车把院子里的管子拉到废品收购站去卖，被送到联防来了。他听说是我的儿子，就让他们回去了，给我打了个电话，考虑到可能会对孩子产生消极影响，也没有通知他们学校。回家后，我问小海，他说是因为没有零花钱，几个同学老请他吃冰棍，他也想弄几个钱请请同学。他当时上小学五年级，这是我教育孩子上的失误。我没有打他，也没有骂他，我只是耐心地给他讲了事情的严重性：我们用的铁管子属于铁路器材，国家禁止买卖，如果成年人去卖就要以盗卖铁路器材罪追究刑事责任。我母亲批评我对孩子扣得太紧，男孩子口袋里一分钱没有，老是吃小朋友的冰棍，自己也觉得不好意思。这件事发生后，我开始每个月给小海一点零花钱，我母亲也给个三元、两元的。更重要的是，我改变了观念，认为孩子仅仅学习好是不行的，必须加强品德教育，我把品德好放在第一位。

我看了一些资料讲德国科学家在第二次世界大战中制造杀人武器，日本侵略者在东北研制生物、化学武器，杀害中国人民，例如731部队。当时的报纸上还刊登了北京大学一位学生因偷东西杀害了一位看门老人的报道，更加坚定了我把品德教育放在第一位的思想。正像一篇文章说的，做父母的，无论文化程度高低，从事什么职业，有着什么样的经历、家庭状况如何，都应该把教会孩子做人、做一个好人、做一个善良的人永远放在第一位。善待他人，以生福光。

后来，新闻媒体报道了陈景润、张广厚等数学家英年早逝的消息，又改变了我的思想，我认为应该身体第一，全面发展。有人说，健康是1，其余都是0。有了健康，才会有幸福生活、美丽青春、快乐人生。当然，健康应该包括生理健康和心理健康。

我是历来重视锻炼身体的，不过没有把它排在第一位。在我们成长的那个时代，必须把坚定正确的政治方向放在第一位。我的两个弟弟喜欢摔跤、打拳，对小海影响比较大，他从小就喜欢比划比划。

经过这一番曲折的实践过程，我才形成身体第一、品德第二、学习第三的主导思想。我的这个教育原则得到孩子的认可，小海经常给他妹妹讲身体的重要性，鼓励他妹妹坚持锻炼身体。欢欢在她抄的《名人名言录》里就有关于健身方面的内容，如法国启蒙思想家和教育家卢梭的名言："没有健康，便没有生活的快乐。"文艺复兴时期的英国唯物主义哲学家培根的名言："健康的身体是灵魂的客厅，病弱的身体是灵魂的监狱。"这两段话充分地表达了健康的重要性。而她所抄录的意大利文艺复兴最早的代表人物但丁的话最深刻地概括了道德与智慧的关系，强调了道德的重要性："道德常常能填补智慧的缺陷，而智慧却永远填补不了道德的缺陷。"智慧也是很重要的，一个人要想获得智慧是不容易的，前一段时间流传着一句话："有钱买得来药品，买不来健康；有钱买得来书籍，买不来智慧。"法国著名的启蒙思想家伏尔泰说："极端的准确，极端的精细，极端的广博——这就是极端的才智。"获得智慧是要付出艰巨的努力的，中国二三十年代文学家徐志摩说："智慧是地狱里的花朵，能进地狱更能出地狱的人才能采得着。"可见身体、品德、学习三者都很重要，缺一不可。只有这三者都优秀的人，才能成为对国家、对人类有用的人才。

## 2．健康是人生的第一财富

美国人爱默生说得好："健康是人生的第一财富。" 英国空想社会主义者欧文也说："人类的幸福只有在身体健康和精神安宁的基础上，才能建立起来。"我用自己的亲身经历教育小海和欢欢，强调身体健康的重要性。我从1960年初中一年级就开始跑步，一直坚持到1982年大学毕业，20多年如一日，每天围着操场跑四圈，1600米，无论刮风下雨，还是冰天雪地，都坚持锻炼。我的体质比较好，很少感冒、生病。我能坚持跑步，是上小学期间，受一位体育老师的影响，他经常宣传古希腊学者的一句名言："你想强壮吗？跑步吧！你想健美吗？跑步吧！你想聪明吗？跑步吧！"1984年，我参加学校运动会，在教职工3000米长跑中，我把第二名落下了一圈半。我深深体会到，一个好的身体，是应付复杂的学习环境和工作环境的保证。以前经常讲，身体是革命的本钱。现在有一种说法，人在20岁左右的锻炼是一种身体健康的储备，到30岁左右达到储备高峰，锻炼得越好，储备的峰值就越高，应该说是有一定道理的。

受我的影响，两个孩子积极参加体育锻炼，尤其是每天坚持跑步。我鼓励他们积极参加运动会，不要考虑名次，"重在参与"。我几次给他们讲鲁迅的话："优胜者固然可敬，但那虽然落后而仍非跑至终点不止的竞技者，和见了这样竞技者而肃然不笑的看客，乃正是中国将来的脊梁。"小海参加过个人和集体的400米和800米径赛项目；女儿则参加1500米和3000米的长跑。有时候在运动会上还能拿上名次，有时候拿不上名次，但都能坚持到底。女儿在初三的一篇日记里谈了她在运动会上长跑得奖时的心情："说实话，这是我有生以来第一次拿奖，准确点儿说是运动会上第一次。第四名，3000米啊，捧着这奖，我不禁想起平日的锻炼，刚才的拼搏。"（1996年4月27日）一般女孩跑完3000米，需要同学搀扶，而欢欢在跑步的过程中，不断向给她加油的同学招手致意；跑完后，自己走了一会儿，就回班上了，说明体质很好。我当时就在运动场上，为女儿的拼搏精神和平时锻炼的成绩而感到高兴。重要的不是成绩，而是体质和思想得到一次锻炼。她虽然跑了第四名，而前三名都是学校田径队的同学。很多老师都给我说："欢欢真行！""想不到欢欢这么瘦弱，身体素质却这么好！"只有我知道，这个成绩的取得，欢欢付出了许多艰苦的锻炼和不懈的努力。其他季节还好说，冬天能够坚持跑步，确实不容易。因为冬天白天短，天亮得晚，跑完步回来，还得洗漱梳妆、吃早饭，赶到学校，还不能迟到。所以每天跑步的时候，天都是蒙蒙亮，有时，月亮还在天上。3月初，在内地已是春暖花开了，而在新疆还是冰天雪地。有一天跑步，没有皎洁的月光，看不清脚下的路，突然发现一个黑糊糊的东西，她连忙一跳，脚底一滑，还没有回过神来，已经结结实实地趴在地上了。只觉得手掌、胳膊肘、膝盖格外地疼，两只手的掌心往外渗血，腿也疼得厉害。她忽然想起她哥批评她的话，说她娇气，不能吃苦。不知从哪儿来的一股劲，"哼！我让你看看我能不能吃苦。"就这样一直坚持跑完。有时早上没有时间跑，下午补上，有一段时期，干脆就改到下午跑。使她能够坚持锻炼的原因，是她知道身体的重要性，"生命在于运动"。她哥经常以自己切身的体会教育她，早上锻炼让一天的精神都饱满，只有一个健康的身体才能应付艰巨而复杂的学习。

1993年10月30日，小海在给我的信中专门叮咛欢欢加强体育锻炼："欢欢怎样？想起她顽皮可爱的样子，我真想快点放假回家。她学习一定很努力吧，但是一定要让她注意休息，不要搞疲劳战。另外很重要的一点就是必须让她至少每天抽出1小时进行体育锻炼。身体不强健，学习绝对不会拔尖。"在实验中学上高中期间，欢欢继续坚持锻炼，积极参加学校的田径运动会，她的长跑给老师和同学留下了深刻的印象。现在她已经攻读研究生了，虽然长得又瘦又小，体重只有40公斤，但是意志坚强，从来不闹什么病，在紧张的学习过程中，始终保持着旺盛、充沛的精力。

在锻炼身体方面小海的兴趣更加广泛，短跑、打乒乓球、打羽毛球、打篮球、踢足球。上了初二以后，跟他大叔叔学习太极拳。2001年，小海到美国后，又喜欢上花样滑冰，是康奈尔大学花样滑冰校队成员，该队曾取得2003年全美大学生花样滑冰团体总分第一名。他本人获得2003年美国大学生东部赛区普林斯顿花样滑冰邀请赛男子A组第二名和2004年美国大学生东部赛区康奈尔花样滑冰邀请赛男子A组第三名。

　　我已经养成关心孩子身体健康的习惯。每个星期天，早上是儿子从美国打电话过来，晚上是我与已经回到北京工作的女儿通电话，每次我都要问他们身体怎么样，听他们说好着呢，才放心。最后我和老伴总要叮咛他们注意身体，我还要重复：第一坚持锻炼；第二注意营养。夏天关照多吃西瓜，少喝冷饮。夏天不要贪凉，冬天不要贪热。

# 3．道德品质决定人一生的命运

## （1）从小培养，宽严适度

　　道德品质是社会道德在个体身上的表现。一个人品德如何，是对一生具有重大意义的问题。孩子的品德是在家庭、学校和社会的道德教育和熏陶下逐步形成的。家庭是形成道德品质的摇篮，父母则是孩子形成道德品质的第一个启蒙老师。《三国志·蜀书·先主传》注释中记载了刘备在遗诏中告诫刘禅的一句话："勿以恶小而为之，勿以善小而不为。惟贤惟德，能服于人。"中国的传统教育有一条叫"防微杜渐"。南北朝时期的教育家颜之推在《颜氏家训》中认为幼儿"识人颜色，知人喜怒，便加教诲。"孩子是一张白纸，可塑性很强，所以要从童年时代开始培养孩子良好的道德品质，而且要从小事抓起。等到孩子长大了，坏习惯、坏毛病、坏品质已经养成，再想管教就晚了，有人甚至走上了犯罪的道路。

　　我从小就听外婆、外公和母亲反复讲一个故事，一个孩子偷了人家的东西，他妈不仅不教育，甚至还赞扬他、纵容他，这个孩子长大后，走上了犯罪的道路，发展到抢劫、杀人，被判处死刑。他后悔了，认为他走上犯罪道路的主要原因，是他妈纵容教育的结果。所以在临刑前，他假装要吃奶，把妈妈的乳头咬下来了。无独有偶，1996年11月23日，在吉林省一座城市的死囚看守所，一个死刑犯在执行死刑的前一天晚上，将前来送"最后的晚餐"的母亲的耳朵咬掉，并且大声喊叫："我恨你！"这个死刑犯从小在父母的纵容下，走上了犯罪的道路。他在16岁这一年偷看小保姆洗澡，并企图奸污小保姆，小保姆夺路而逃。其母亲撞见后，反而训斥小保姆，姑息她的儿子。他母亲认为他看小保姆洗澡是因为好奇，"没有什么大不了的"。他父亲听说此事后，哈哈大笑："行呀，咱宝贝儿子长大了……"在父母的纵容下，这个死刑犯高中毕业后，在一年多的时间内，强奸少女24人，侮辱已婚妇女30人，终于被押上了断头台。这两个故事给我们的启示就是要重视对孩子道德品质的培养、教育，对他们严格要求，而且要从小抓起。

　　我在上小学以前，读过两年私塾，跟着私塾先生学过《三字经》《女儿经》等启蒙读物。《三字经》一开始就说："人之初，性本善；性相近，习相远；苟不教，性乃迁。"孟子的性善说是其政治思想"仁政"学说的哲学基础。而荀子是主张人性恶的，他认为人生下来就有欲望，"目好色，耳好声，口好味，心好利，骨体肤理好愉逸"。为了追求满足自己的欲望发生争斗，这就是人性恶，"必将待师法然后正，得礼义然后治"。性善论和性恶论的不同点是在教育目的、教育作用、教育任务上，性善论主张通过教育发展人性，性恶论主张通过教育改造人性。这两种观点争论了几千年，但是它们都承认环境、教育在人性发展中的重大作用，认为人与生俱来的本性只不过是人性发展的前提和基础。《三字经》上就举了古代父母亲教育孩子的典型事例，强调"养不教，父之过；教不严，师之惰。子不学，非所宜；幼不学，老何为？玉不琢，不成器；人不学，不知义。"进一步指出了对孩子必须从小教育，尤其是加强道德品质的教育。1999年4月底，武汉市政法委在整顿中小学校园周边环境的过程中，对200多名工读学生的调查显示，绝大部分学生有劣迹的主要原因，就是家长严重失职，没有认真地、科学地教育孩子。

现在很多家长也明白对孩子从小进行道德品质教育的重要性，但是我要强调的则是如何培养他们良好的道德品质，也就是采用什么样的方法教育，掌握什么原则。我的体会是疼爱孩子不是娇惯、纵容，严格要求不是愤怒，不是歇斯底里地大喊大叫，更不是打骂。经常训斥、打骂，容易刺伤孩子的自尊心，造成他们的逆反心理。鲁迅对自己的儿子海婴十分疼爱，有着慈母般的温情，他既反对"棍棒教育"，又反对"放任自流"。有人说孩子渴望肯定，而现在缺少肯定，从理论上来讲，这是对的。对于孩子当然应该以表扬为主，不要说孩子，就是大人，还喜欢被表扬、听好话呢！但是，在教育孩子的过程中，我认为表扬也好，批评也好，看你怎么掌握，还是一个"度"的问题，也就是孔子说的"中庸之道"。"过犹不及"，一味的表扬和一味的批评，其结果都会适得其反，真正的智慧是把握合适的分寸而不是简单地谈论对与错。前苏联著名的教育家马卡连柯在《幸福的父母往往会有最优秀的子女》的演讲中认为"严厉和慈爱——这是一个最难解决的问题"。如何解决这个问题呢？他特别强调"尺度""分寸"："不管你们采取哪一类家庭教育方法，你们都需要找一个尺度，因此，也就需要在自己的身上培养分寸感。""这个黄金般的中庸，某种介于严厉和慈爱之间的和谐，永远是应该具备的。"马卡连柯在教育孩子的过程中学会了怎样在非常慈爱的口吻中保持严厉。

可以说，严厉和慈爱，批评和表扬，是一个事物的两个方面，是在教育孩子成才的前提下怎样运用的问题。1987年，我和老伴、小海去成都，参观了武侯祠，看到赵藩题的一副对联："能攻心则反侧自消，从古知兵非好战；不审势即宽严皆误，后来治蜀要深思。"这副对联对我教育孩子很有启发：第一，在教育的过程中要掌握好分寸，宽严适度；第二，启发我们在教育孩子的过程中，不能简单地依靠棍棒，而是应该加强思想教育，使孩子真正从思想上认识到什么是正确的，什么是错误的；应该做什么，不应该做什么。不仅孩子做了好事应该表扬，而且要尽量挖掘孩子的优点，经常表扬。孩子犯了错误，作了错事，应该批评教育，帮助孩子分析犯错误的原因和后果，找出改正的办法。积极引导孩子认识到哪些事情是好事，应该多做；哪些事情是坏事，不应该做。有人提出，教育孩子，到底能不能打？教育没有"包医百病"的理论和方法，都是根据孩子的不同情况，随机应变。教育专家认为，通过"打"来教育孩子，有利有弊。打孩子应该是一门艺术，就是说在何种情况下，在孩子的哪个年龄段，家长当时的心情如何，来考虑可以打，还是不能打。有的孩子是要打，有的孩子可以不打，具体问题具体分析。乖巧的孩子不需要打，即使犯了错误，一点就通。如果拒不认错，或错误的性质很严重，或屡教不改，必要时可以惩罚一下。不是所有的时候，对所有的孩子，说服教育都能起到作用的，必要的、偶尔的惩罚可以让孩子辨明是非。据有人对优等生进行调查的结果显示，有55%的学生承认"偶尔受到家长的打骂"，只有45%的学生表示"从来没有挨过家长的打骂"。最近，有媒体做过一项家庭教育调查显示，90%的家长承认打过自己的孩子。这些70后、80后，尤其是受过高等教育的家长表示，在教育孩子的问题上，尽管他们不愿意也舍不得用"打"的方式来解决，但在孩子犯了错误，反复说教无用的情况下，"暴怒之下就动起手来"成了他们最无奈的选择。（《新疆都市报》2012年10月17日《打孩子 也需要智慧》）

　　我主张对孩子要严加管教，必要时可以偶尔惩罚一下。有一次，小海和邻居的几个孩子在铁二中操场上打羽毛球，说好了谁输，谁下，大家轮着打。别人输了，都按规定下，而小海赢了，得意扬扬，输了，不下。他当时上三年级，他们班的一位女同学说了他一句："张庆海，你输了为什么不下？"他二话不说，上去就推了女孩一把。这位女孩她妈和小海他妈是一个单位的，两人关系很好，我们两家都住在铁二中校园内，是多年的邻居。我到操场上把小海叫回来，他不但不认错，还歪理十足。我打了他几下，小海马上承认错误："爸爸，我错了行不行，不要打了。"我责令他去给女孩赔礼道歉。我是不赞成"棍棒教育"的，小海在五年级以前，只挨过三四次打。我耳闻目睹了一些用棍棒或其它东西打孩子，把孩子打伤了，酿成终生悔恨的事例。我从来不用棍棒打孩子，因为用棍棒容易打伤孩子；我也不打耳光，这样会刺伤孩子的自尊心，还有可能震坏耳膜，我只是用手打屁股，即使在气头上也打不坏孩子的。我打的目的是为了吓唬吓唬孩子，或者以示警戒而已，并且只要承认错误就不打了。小海在小学五年级以后再没有挨过打，一来孩子逐渐懂事了，二来孩子大了。打骂不是一种好的教育方法，不到万不得已不要用。以打骂孩子为主要教育方法的父母，最容易培养出一个以打闹见长的孩子，给他本人的成长、人际关系和家庭生活带来数不清的烦恼和麻烦。欢欢没有挨过打，一来欢欢从小就听话，不惹事；二来她哥给她传授经验："爸爸说你，不要顶嘴，有了错误，主动承认，就不会挨打。"我批评她，一般情况下，她是心中有数，一声不吭。

作为父母应该真心关注孩子的成长，即使打了孩子，也要让孩子意识到你是为他好，为了他能健康地、科学地成长。有时我也思考，孩子是自己的亲生骨肉，为什么有些家长要把自己的孩子往死里打呢？为人父母不应该因为生养了这个孩子而就拥有了随意殴打他、甚至往死里打的权力，对一个孩子来说，最好的教育莫过于让他知道你爱他，而不是通过殴打让他怕你。我们西站一位家长一脚就把孩子的胳膊踢断了，孩子吊着胳膊来上课，我和这个学生的家长关系不错，给这个学生的爸爸开玩笑说："你怎么这么大的劲，好像这个孩子不是你亲生的，就算不是亲生的，也不能这么个打法，你把他打坏了，你还得给他治疗，残废了，你还得养他一辈子。"我从事教育工作40多年，据我所知，像这样打孩子的家长还不是一个两个。经常惩罚，把孩子打皮了，丧失了自尊心，没有了羞耻感，他的人格、他的健康、他的成长都将会受到严重损害。如果打能够培养孩子成为有用的人才的话，那家长和老师就把孩子吊到房梁上轮番打好了。实际上，殴打并不能增加孩子的自律，当有人管的时候，这种孩子往往不敢表达自己的真实思想和情感，没有人管的时候又什么事情都敢去做。长大以后，很可能以暴力去解决人际冲突和其他一些社会问题。所以"棍棒教育"很可能培养出缺乏道德感的孩子。

孔子说："知耻近乎勇也。"这是教育经验的深刻总结，一个不知道羞耻的人是不可救药的，所以对一个人的最坏评价就是"无耻"！俄国人别林斯基讲："自尊心是一个人灵魂中的伟大杠杆。"这些话对我们今天仍然有着深刻的启示，无论家长教育自己的孩子，还是老师教育学生，或者是教育犯了错误的成年人，都要注意尊重他们的人格，培养他们的自尊心、自信心。古人讲人前教子，这话不完全正确，我就很注意维护孩子的自尊心，尽量不在众人面前管教孩子，不刺伤孩子的自尊心。你尊重孩子的人格，他才会珍惜自己的人格和自尊心。一个懂得自爱的人，他会努力上进；一个懂得爱人的人，伟大而公平的上帝才往往让好运格外眷顾他。

在教育孩子方面，我有一个教训，就是在孩子小的时候，一定不要用"遗弃"吓唬来作为管教的方法。小海六七岁的时候，有两次因为他调皮，我生气了，说："不要你了，你给我滚！"他来了句："滚就滚！"结果没有把他吓唬住，反而给我找了麻烦。他第一次跑出去，到晚上还没有回家，快12点才在我们火车西站的候车室里找着他，他已经躺在长椅上睡着了。第二次，他跑出家门，居然从乌鲁木齐乘火车到了吐鲁番他姥姥家。我们一直到半夜也没有找到，我母亲安慰我，不要着急，可能跑到他姥姥家了。第二天早晨，一打电话，姥爷接的电话，说正在这儿玩呢。事后他还告诉我，列车员叔叔对他挺好的，没有要他的票，还给他找了个座位。通过这两次教训，我再也不用这种方法来吓唬他了。

孩子小的时候，做错了事，我就让他们写到日记里，以示警戒。小海在他二年级的日记里提到过几次和小朋友打架的错误，1982年10月17日的日记中记载了他偷拿月饼、受到处罚的经过（当时他才7岁）："今天早晨，我到我爸爸的小房子里把我爸爸的月饼拿了，我就出去了，到我妈妈的供应站去了。到了供应站，我妈妈看见了说你从哪（儿）拿来的月饼，我说奶奶给的，我妈妈不相信，说不是吧，我说你就回家问奶奶去吧。晚上，我吃饺子的时候，我爸爸发现月饼少了，我承认自己的错误，我爸爸打了我4下，拧了一下耳朵。我今天自己拿了月饼，说了谎话，这是不对的，我以后要改正。为了帮助我改正错误，我把这件事写到日记里。"一般来说，孩子拿一块月饼，这不算啥，但是我要求孩子要给大人打个招呼，小海拿这块月饼，没有打招呼，就是犯了错误，尤其要教育小孩要诚实，不能说谎。

教会孩子诚实就是教会孩子做人，我和两个孩子到北京，那时，欢欢才5岁，一上公共汽车或电车，不管人多人少，她就催着我买票，钱掏得慢点，她就一个劲儿地说："爸爸，你赶快买票啊，你怎么还不买票啊！"一直到现在，孩子回来，吃个苹果，拿件东西，都给我或他妈说一声。欢欢从小就养成一个习惯，有了好吃的，先要让大人吃一点，我们表示坚决不吃，她才开始吃。

对于孩子，要严格要求。孩子到铁二中上学以后，我交待他们两件事：第一，不许跟老师吵架，有意见可以提，只要吵架，首先是你不对；第二，老师不叫你，就不许到我的办公室来。老师没有什么权势，也不是什么了不起的人物，但是有些学生认为家长是本校的老师，容易产生优越感，对他们的学习、纪律表现会产生副作用，所以我严格约束自己的孩子。有时，小海渴了，老师、同学让他到我的办公室喝水，他说："我才不去呢，去了，还不得挨我爸爸训？"欢欢在铁二中上了三年初中，没有进我的办公室喝过一次水、吃过一次东西。我当班主任或上课，对于本校领导或老师的孩子，与一般学生一视同仁，有时要求更加严格。

## （2）老师的看法未必总是正确——兼谈孩子的青春期教育

在教育孩子的过程中，还有一个很重要的问题，就是如何看待老师反映的情况。我生活、工作在教师群体中，已经40多年了，我知道教师的酸甜苦辣，也熟悉他们的东西南北，当然重视老师反映的情况。但是，听到老师反映问题，我是先问明情况，再作处理，不但仔细询问教师，更重要的是听听孩子的意见，"兼听则明，偏信则暗"。一般家长在教育孩子问题上有个误区，即有些家长完全相信老师，有时错怪甚至冤枉了自己的孩子，造成了不必要的误会和损失。一般地说，作为家长，对于老师反映自己孩子的问题，应该重视，积极配合老师解决存在的问题；但也没有必要"见风就是雨"，不分青红皂白，听了老师的反映以后，一味地责怪甚至打骂自己的孩子。我的态度是既不护短，不袒护自己的孩子；也不冤枉孩子，允许孩子有申辩的机会，根据事实进行处理，而不是一味地迎合老师，总的原则应该是有利于孩子的健康成长。

我从来没有因为老师反映的问题打骂过孩子，避免孩子和老师产生抵触情绪；我当班主任，给家长反映学生的问题，尽量做到让学生在场，实事求是，说话要有根据，并再三关照家长不能打骂学生，避免学生产生抵触情绪，认为老师"告状"的目的是挑唆家长打骂学生。孩子有了缺点错误，老师把我叫到学校，我从来没有当着老师的面，批评教育孩子，更不会打骂。我认为这样对孩子不好，容易刺伤孩子的自尊心，同时对老师也不好，容易使孩子对老师产生对立情绪。而是回到家以后，先问问孩子是怎么回事，然后再处理。

1984年，我把家搬到校园里，小海从铁九小（即现在乌鲁木齐市第85小学）转到铁三小（即现在乌鲁木齐市第81小学）上三年级。有一天，教他语文的老师把我叫到学校，告诉我小海用两支铅笔并在一起写字，同时就可以写两个字，这位老师还把小海找来，让他当场给我表演了一下。我觉得挺有意思，向老师表示感谢，看小海哭丧着脸，不便再说啥。回到家，我既没有打他，也没有骂他，只是查问了一下原因。他说作业太多，一个生字写20遍，写不完，就想了这么个办法。据报纸报道，科学家经过研究，一个字写四遍最好，学生最容易记得住，写多了，反而适得其反。写20遍是多了点，这话不能给小海说，要维护老师的威信，但我认为小海又没有什么大的错误，不想违心地批评他，怎么办呢？正好平时小海有个理论，说机器都是懒人发明的，不想扫地了，发明吸尘器；不想洗衣服了，发明洗衣机；不想走路了，发明火车、汽车等交通工具。我就借着他的这个"懒人"理论，说你是不是懒人，想发明一个偷懒的写字办法啊，以后不许再偷懒了。

现在有的小学教师让一二年级的学生，一个字写50遍，如果错了，或没有完成作业，一个字要罚写100遍，甚至200遍。在布置的小学数学作业中，让一年级的学生，先按1—10的顺序将数字抄10遍，然后再按10—1的顺序再抄10遍。一个算术老师居然让学生编20以内的加减法算术题100道。这些机械呆板、枯燥无味、误人青春、误人子弟的做法，严重窒息着孩子们的学习欲望和创新激情。其实，如何布置作业，做多少作业，作业的内容是什么，是有科学规律的。而我们一些教师没有上过师范院校，没有系统地学过心理学和教育学，总是本着"多多益善"的原则来布置作业，其效果可想而知了。不要说一个七八岁的孩子，让成年人来做，也烦死了。前几年，我的一位朋友告诉我，他的孩子在某重点小学上学，老师不改作业，让家长改，改错了，还挨训。我说你给他们校长反映，他说那老师还不报复孩子啊！1990年5月，当时小海正处于初中毕业升学考试前夕，有一位老师给我说："你还不管管你儿子，放学后还打乒乓球，都什么时候啦！"回来后，我只是问了问，关照了一下："不要玩的时间太长，打上一个小时就差不多了。"

金无足赤，人无完人。教师也是人，也有缺点和错误，不是在所有事情的处理上都准确无误，有时候也会出现偏差和失误。学生出现问题，有些是学生的责任，但是在有些事情上，老师也是有责任的。老师反映的情况，有时候是不准确的，老师的看法，并不是完全正确的，有些甚至是错误的。我自己就有切身体会。我从教40多年，当了十几年班主任，在实践中，在处理学生的问题上，就出现过很多偏差、失误。不是对学生的每一件事情、每一个问题都能看得很准确。所以对老师反映的问题，有时我同意孩子的意见，认为孩子的意见是正确的，不同意反映问题的老师的意见。不过，在这种时候，我总是尽量做思想工作，让孩子从正确的方面理解老师的良苦用心，不要与老师产生对立情绪。

欢欢上高三以后，有一天，一位老师来电话，告诉我："张庆欢喜欢和男同学接触。"我说："喜欢和男同学接触又有什么不好的呢？""我是指她有时和一个男同学接触，我把她们的座位调开来了，可是那个男同学回南疆，张庆欢一个人把他送到碾子沟汽车站。"这位老师的意思很清楚，我也听明白了，但是我没有再说什么，显然我不同意他的意见。我对自己的女儿有个最基本的了解，不相信欢欢会出现他所想象的那种情况，我又不想当面谈我的看法，因为关于这个问题，不是在电话里，用一句话两句话能说清楚的，何况老师也是好意，都是为了教育孩子嘛。一般来说，孩子在十四五岁要进入青春期成长阶段，在这个阶段，男孩、女孩的身体和心理都要发生很大的变化，他们好奇心强，想和异性接触，渴望对自我和异性的探索。男同学喜欢女同学的细心、关心人、体贴人；女同学喜欢男同学的心胸宽广、豪爽，不像有些女同学"小肚鸡肠"。有什么问题，愿意在一起谈谈心，交流交流思想，有什么事情，出现什么困难，互相帮帮忙，这是正常的现象，没有什么大惊小怪的。"知女莫如父"，我相信我的女儿，我也知道不信任孩子只能使孩子更加不让你信任。我没有把这件事告诉欢欢，我认为没有必要在没有任何证据的情况下，兴师动众，影响孩子的情绪，影响她和老师的关系。直到欢欢上了大学，假期回家，从我的《怎样教育好孩子》的讲座提纲中知道这件事，特别感谢我，一再说："谢谢爸爸对我的信任。"回到清华大学，她给我来了一封信，在谈到这件事时，写道："爸爸，您知道我最感动的事吗？就是班主任给您打电话时，您所维护我的那件事。真的，您是一个天下最好的父亲，仅为您的信任，我不会做出出格的事。"我们为人师表的，为人父母的，从这件事中得到什么启示呢？

其实在初三，欢欢就曾经在因为男女同学接触、交朋友的问题而受到一些非难时，很愤慨地在日记中写道："如果有来生，我便做个男孩。说来，男孩有一大堆好处，最好的是没有人说男孩的是非，不会因为男孩有些较好的异性朋友，就在他背后指手划脚、说三道四的，相反，却会指责女孩不自重、疯等等。""我都15岁了，懂得怎样处理好男女同学的关系，我有一个深深的疑惑：男孩女孩之间可不可以交朋友呢？"

15岁在人的一生中是关键的转折时期，是花一样的年华，处在这个年龄的孩子已经进入了青春期发育阶段，他们强烈地渴望被家长和老师理解。我们做父母的、做老师的也都经历过那个阶段，对于男女同学之间的接触和交往有着亲身的体验和感受。虽然现在青春已经离我们远去了，但是我们应该根据自己当年的经历，清醒、坦然、正确地对待已经长大的、处于青春期发育阶段的孩子，多去理解、引导和爱护他们，而不是一味地用一些"道学家"们的理论去指责他们，并把这种理解、引导和爱护看得比照料他们生活、督促他们学习更为重要。我们要学习和掌握一些青春期的知识，了解男孩女孩在这一时期身体与心理的变化和特征，了解群体对他们的影响，留意他们的喜怒哀乐，用信任、耐心、宽厚无比的爱和孩子一起分享健康成长的快乐与苦恼，帮助他们顺利地度过"危险期"，走上健康发展的人生之路。这是帮助小孩走向成熟、健康成长和发展的正确方法。

我的许多朋友和同事都羡慕我儿女双全。由于职业的关系，我对心理学又比较感兴趣，所以我充分理解男孩女孩在青春期的心理状态，以及他们之间的交往。相反的，那些从不愿意和异性同学来往的学生，倒是有些心理障碍，应该去看看心理医生。我并不笼统地反对男女同学之间的接触和交往，甚至交朋友。我认为"朋友"有几种，有一般的朋友，也有恋爱意义上的朋友。中学男女同学之间的朋友，绝大多数只是一般的朋友，他们能够谈得来，对一些事物的看法比较一致，思想感情比较好，愿意在一起。不要一看到男女同学在一起，就都认为是"早恋"。当然也应该看到有少数学生确实是在"早恋"，其实绝大多数的"早恋"也都是朦朦胧胧的。即使出现所谓的"早恋"，也不能采取"小会批，大会点"的简单、粗暴的方法，急急忙忙通知家长，以图达到"棒打鸳鸯两处飞"的目的，而应该做深入细致的思想工作，给他们讲清"早恋"的危害，避免激化矛盾。

在青春期的问题上，家长、老师，尤其班主任的过激言行对孩子的身心健康都是不利的，其"过"的危害远远大于孩子们"早"的危害。我从北京回来以后，在我任教的高三文科班有一位女同学和男同学的关系过分亲密，用有些老师的话就是"早恋"。对这件事情，我的意见是宜粗不宜细，反正快毕业了，"得放手时且放手"。而班主任特别重视这件事，找他们谈话，在全班同学面前点名批评甚至说一些过激的语言，并且求助于家长，希望家长配合。家长还能怎么配合，认为"不要脸"，给他们丢人，除了训斥，就是打骂，终于把他们"活活拆散了"。男同学倒无所谓，女同学的精神受了点刺激。七八年以后，他们已经工作了，我重见他们的时候，提及此事，他们对这位班主任恨得咬牙切齿。前几年，我辅导了一名外校学生，家长告诉我，该生正与班上的一名女同学"早恋"，让我做点工作。我答应了，说："我估计可能只是关系好点，不一定是谈对象。即使谈恋爱，现在快高考了，也不要对他们施加压力。"经过了解，这位男孩说他们只是谈得来，愿意经常在一起聊聊，他们在学习上互相鼓励，互相帮助。我也谈了我的看法，还有几个月就高考了，一定要好好复习，抓紧时间，争取考个好学校。后来他们双双考入大学，不过是在两个城市，他们之间关系的发展，也不是像家长所猜测的。在男女同学之间的关系问题上，管多了，管急了，方法不当，肯定不行；管少了，甚至放任自流也不行。究竟应该管到一个什么程度，把握什么原则，恐怕要具体问题具体分析。

在我40多年的教学生涯中，我发现许多学生，包括一些好学生，在其他问题上，都可以听老师的，惟独在男女同学交往的问题上不听，有些学生迫于某种原因表面上听了，实际上还是我行我素。所以，我是采取模糊的方法处理这类问题的，能装糊涂则装糊涂，"难得糊涂"。在班上或其他公开场合，笼统地讲得多，从正面讲得多，从来不当众点名批评。学生都是有自尊心的，尤其是女同学。在没有充分证据的时候，不告诉家长，不瞎猜疑，不随便冤枉学生，无端地制造家长和学生之间的矛盾；即使有了某些证据，也只是私下里对相关同学说说，进行善意的劝告或批评，让他们以学习为重，接触的时候要注意分寸，不要出格，绝不能当成新闻"炒作"，嚷得全世界都知道。如果实在不听，只要不影响班级的正常教学秩序，只好"听之任之"。有一次，一位朋友请我吃饭，路过一处葡萄架，我带班主任的高三的一位男同学和一位女同学正在葡萄架下的石凳子上抱在一起。我旁若无人地走过去了。第二天，男同学到办公室来承认错误："张老师，昨天我们错了。"女同学在办公室外面羞答答的，不敢进来。我就装了糊涂："我不知道你们有什么错？"他们还有两个多月就毕业了，多一事不如少一事，尤其是男女同学之间的事。不过我还是旁敲侧击地说了一句："马上就要高考了，好好复习，不要到处乱跑，也不要胡思乱想。"这两个学生挺感谢我的，毕业后见了几次面，对我很尊敬。我有时候也告诫一些年轻的、没有经验的班主任，"不要没事找事"，不能因为这类问题影响班级的正常工作、主要工作。由于我采取了正确的方法，所以没有学生在这个问题上和我产生过对立情绪，激化矛盾。我相信我的孩子，也相信大多数学生。当时我只是要求我的孩子，在学校要求学生在男女同学之间的关系上注意两个问题：第一，不能影响学习；第二，要掌握好分寸。对他们既要加强思想教育，又不要轻易地下"早恋"的结论，避免刺伤他们。

小海在中学阶段就和几个女同学关系比较好，他考上清华大学以后，还有一位女同学送给他一块手表。有些老师大惊小怪地告诉了我，我开玩笑地说："好啊！儿子要能自己找媳妇，省得我操心了。"事实证明，他和这些女同学的关系并不是像当时有些老师所想象的那样，而是比较好的一般朋友关系，能够谈得来，愿意经常在一起聊聊，现在他和这些"已经攀折他人手"的女同学还保持着密切的关系。十几年来，他每次从美国回来探亲，还和这些女同学聚会。我们应该教育孩子和学生科学地、健康地度过青春期，同时处理好这一时期男女同学之间的关系。作为家长或教师，尤其是班主任，应该帮助孩子或学生了解青春期的各种变化，引导他们对青春期变化持正确态度，为满足青春期所产生的各种心理需要提供机会和指导，使学生掌握有利于缓解青春期变化带来的压力、处理各种心理冲突的有关技能。

1999年欢欢参加高考，我赶在录取前由内地回到了乌鲁木齐，8月6日上午参加了《乌鲁木齐晚报》《新疆教育报》《老年康乐报》《中国青年报》等几家报纸联合采访实验中学的学生和家长代表的座谈会。会上，有位记者问了个问题："如果孩子在大学谈恋爱，你们采取什么态度？"一位家长立即表态："坚决反对，学生应该以学业为重。"接着，实验中学理科实验班的一位老师发言，他先谈了对高中阶段男女同学之间接触的看法，认为"这是正常的，属于青春期的表现，处于一种朦胧状态的男女同学之间的关系，一般来说，不是什么早恋。""如果在大学阶段，经过自己的了解，确实有情投意合的异性朋友，谈恋爱也未尝不可。大学本科毕业已经二十二三岁了，经过分配找工作、适应工作环境、通过别人介绍、再了解，折腾一下，转眼就成了大龄青年了。大学同学几年，对方为人怎么样，优点是什么，缺点是什么，都比较清楚，如果真有合适的，确立关系，有什么不好的呢？"我很赞同这位老师的看法，不少大学生、研究生事业有成，但在爱情、婚姻、家庭问题上一波三折，究其原因，与在上学期间没有处理好学习和谈恋爱之间的关系有一定的关系。其实，这两个问题并不矛盾，处理得合适，有利于学生学业水平的提高和事业的发展。

报纸上登过关于中国教育代表团在美国西雅图华盛顿中学观摩

生理卫生课的报道，上课开始，女老师首先在黑板上写了个大大的"SEX（性）"，然后，面带微笑地问学生："同学们，当你们看到'性'这个字时，想到了什么？"学生们说出了无数种联想，每说出一种，老师便飞快地在黑板上记录下那个词，比如接吻、抚摩、床、男人和女人、姿势、生孩子、性感、欲望、避孕……同学们的想象力十分丰富，从身体的器官，到男女的情绪和思维，五花八门、千奇百怪，老师不厌其烦，写了满满一黑板。开始，同学们还在面红耳赤地说出联想的词汇，由于思维的差距越拉越大，同学们变得越来越勇敢，把头脑中所能想到的词汇和感觉统统公布于众。最后，女老师总结，她严肃地对同学说："你们说了很多，但惟独把一样跟'性'有着千丝万缕联系的东西给丢下了。"老师激动地在黑板上写了个大大的"LOVE（爱）"，顿时，教室里鸦雀无声。"爱情。"老师说，"人们每天都离不开'性'这个话题。男女生相处，大家看到对方挺拔的身材、娇好的面容，然后想到亲近对方；我们的父母每天晚上同居一室，在疲惫了一天后，享受着性爱的乐趣；男人和女人通过'性'生活，能够生儿育女；所有的人在'性'的行为中，津津乐道的是：什么是性感，哪种姿势最舒服，哪种避孕方法最安全。但是很少有人在'性'的体验中，去感受'爱'的魅力，用'爱'去充实'性'的内涵。"同学们都收起了嬉闹逗趣的表情，聚精会神地听下去。这时，老师擦掉了黑板上所有的词汇，只留下了"性"和"爱"两个字，然后满怀深情地讲了一个故事：有一对夫妇在一场车祸中双双瘫痪，生命只有几个月的时间，他们恳求医生把他们放在一张双人病床上，白天接受治疗，晚上互相抚摩、互相鼓励，在接吻和私语中入睡，他们用深切的爱温暖着彼此的心。5年过去了，他们不仅没有死亡，而且在同一张病床上躺了近2000个日日夜夜之后，奇迹般地站立起来了，他们激动地拥抱在一起。这就是爱的力量！是爱解救了这对深陷绝境的夫妇！这节课结束了，学生们虽然没有真正接触到性的知识，但从此在他们幼小的心灵里，再也没有对"性"的浮躁理解和神秘轻佻的渴望。他们会把"性"放在一个深重的感情支撑中，去理解它的内涵。使他们在知道性知识之前，首先学会爱。这篇文章对我们有很大的启发作用，使我们认识到对包括"性"知识在内的青春期的问题，只能进行科学的教育、疏导，而不能"围"或"堵"。

李黑妮在《倾听孩子内心的风暴》中说了这样一段话："少年人的爱慕之情是纯洁而美好的，是一个人一生中，除了父母的亲情之外，首次以成人式的心态向自己之外的人投去的一份关心和喜爱，是一个人这一生爱的关系的基础。如果受到过多的责难，美好的感觉被破坏掉，他这一生在情感上都可能出现偏颇，性心理也可能会出现异常。给孩子最初的美好的情感以美好的保护和指引，是我们成人世界最大的仁慈。"这一段话对我们家长和老师在教育学生方面颇有启发。前苏联教育家苏霍姆林斯基的女儿在14岁的时候，给他写了一封信，问什么是爱情。苏霍姆林斯基不仅没有责怪女儿，反而在回信中说："今天你已经14岁了，已经迈进开始成为一个女人的年龄时期。你问我：'父亲，什么叫爱情？'我的心经常为这种思想而跳动，就是今天我不再和一个孩子交谈了。进入这样一个年龄时期，你将是幸福的。然而只有你是一个明智的人，你才是幸福的。""是的，几百万年轻的14岁的少女怀着一颗跳动的心思考着这样一个问题：什么叫爱情？每一个人对它的理解都各不相同。希望成为男子汉的年轻小伙子也在思考这一问题。亲爱的小女儿，现在我给你写的信不再是过去那样的信了。我内心的愿望是：告诉你学会明智的生活，也就是要善于生活。我希望作父亲的每一句话都能像一颗小小的种子，促使你自己的观点和信念的幼芽萌发出来。"他通过一个美丽的童话告诉女儿："世上各种有生命的东西生活、繁殖，成千上万地延续自己的有生命的后代。但是，只有人懂得爱。而且说实在的，只有在他善于像人那样去爱的时候，他才是一个真正的人。如果他不懂得爱，不能提到人性美的高度，那就是说他只是一个能够成为人的人，但是还没有成为真正的人。"与我们的一些具有"道学家"色彩的家长和老师相比，这就是大教育家苏霍姆林斯基的高明之处。在他娓娓道来的同时，亲昵、温馨、关爱已经悄然潜入你的灵魂。苏霍姆林斯基的女儿比起我们的许多孩子和学生来，是幸运的，也是幸福的。

### （3）尊重孩子的隐私权

信任能给人以信心，给人以力量。信任是人奋发向上的发动机，是净化人们心灵的清洁剂，是开采人们潜力的掘进机。人人都希望得到信任，尤其是孩子，希望能得到家长和老师的信任。作为家长，作为老师，要想教育好孩子，教育好学生，首先应该尊重孩子，尊重学生。孩子、学生都有隐私，作为家长、老师，应该注意保护他们的隐私权。隐私可以是具体事情，也可以是思想、观念、人际关系、身体状况等等。隐私权以公民对个人生活秘密和个人生活自由为内容的禁止他人干涉的人格权。对隐私权的重视是社会文明、进步的标志，尊重孩子的隐私，注意保护孩子的隐私权，是家庭教育中民主、协商精神的表现。没有得到孩子的允许，不要去拆他们的信件，偷看他们的日记。偷看孩子的日记、信件，偷翻孩子的书包、衣兜和抽屉，是现在家长教育孩子上的一大误区，容易刺伤孩子的自尊心，引起孩子的逆反心理。

我的女儿有两本日记，一本日记没有保密性，是完成老师布置的作业性质的。据说她还有一本日记，用小锁锁着，是谁也不给看的。有一次，欢欢的语文老师告诉我，说她有两篇日记写得不错，挺有思想、有个性的，这两篇日记在全班读了读。回家后，我看到日记本就在桌子上，找到那两篇看了。吃晚饭的时候，我表扬了她，说她这两篇日记的看法挺新颖的。我的话还没有说完，遭到欢欢的抗议："爸爸，你偷看我的日记了。"我说："你的日记老师都能看，又在全班读了，我有什么不能看的？"她说："那不一样。"我只有尊重女儿的隐私权。从此以后，在没有得到女儿允许的情况下，我再没有看过她的日记、作文、信件等。

当然我更要尊重学生的隐私权，我是坚决反对某些教师扣压学生信件，擅自拆、看学生信件，甚至追问信件的来源的违法行为的。我从来没有看过学生的日记，没有拆过或看过学生的信件，也没有干预过学生除学校正常的教学秩序以外的任何事情。相反的，我到传达室去，看到学生的信件，给他们带回班上，亲手交给他们。有时候，个别学生上课写信、日记或其他秘密的东西，我没收后，也不看，"现场办公"，批评一顿，当堂或一下课就还给学生。我从来不没收学生的贵重物品，如手机、手表等，只是让学生收起来，拿回家，免得自寻烦恼。我们西站有一位小学老师，在"文革"前没收了学生一本邮票，没有还给学生。到90年代初，这位学生诉诸法庭，要求赔偿，结果赔了几千元。这件事给我留下了深刻的印象。欢欢很注意保护自己的合法权益，在上初中的时候，有一天吃晚饭，她问我："老师拆学生的信件，对不对？"我明确回答："不对。"她说："我们的政治老师也是这么说的，可是她又说如果班主任为了教育学生，还是可以拆学生的信。"我知道女儿在考验我，我立即回答："不论在什么情况下，老师都不能拆学生的信件，我们国家的法律保护每个公民，包括学生在内的通讯自由，随便拆别人的信件，即使是班主任拆学生的信件，也是一种违法行为。"她很满意，说："我还以为我爸爸会吞吞吐吐，或者模棱两可，没想到这么干脆。"我说："那当然，跟欢欢说话，不能拐弯抹角、模模糊糊的，必须旗帜鲜明。"

### （4）让孩子爱上劳动

中华民族是勤劳的民族，热爱劳动是炎黄子孙的传统美德。劳动不仅是生活的第一需要，同时也使人锻炼了体魄，增长了智慧，延长了寿命。从古至今，劳动都是人类生存和发展的重要手段，是人体和道德健康的源泉。因此在道德品质的教育方面，我把培养孩子的劳动观点作为重点，让他们作一些力所能及的劳动，干一些家务活。让他们从小就知道应该热爱劳动、热爱劳动人民，养成勤劳俭朴的好习惯，长大了当好普通劳动者。

小海在他七八岁写的日记中，多次记载了他的爷爷、奶奶让他抬水的情况，他奶奶说要培养他的劳动习惯。除了抬水，还记载了他奶奶和他妈让他扫地、扫雪、洗碗、摘菜、擦玻璃、洗自己的衣服、裤子、袜子、手绢等事情。当时新疆物资缺乏，铁路职工有个便利条件，可以请列车员从北京、上海、郑州等地捎些东西，但是要去自己接车。冬天，爷爷、奶奶去接车，就让小海拉上冰车一起去，一来在冰天雪地中锻炼锻炼意志，二来调剂调剂生活。只要爷爷奶奶一喊"小海，咱们接车去"，他就高兴地拉着冰车跟在后面去了，他在日记中有好几次记载了接车的情况。1982年9月18日的日记说："爷爷奶奶经长（常）让我干活，今天下午，我又和小颇去抬水，水只抬了一桶儿，我不是懒虫。"同年10月15日的日记写道："今天下午，我刚放学回来，我妈妈就叫我写作业。我说我太饿了，先吃一点在（再）写作业。我就到我奶奶他们屋子去了，我奶奶说你把你的篮（蓝）裤子洗一洗。我就勺（舀）了水，我就洗衣服了。刚刚勺（舀）好水，我妈妈看见了，说你洗衣服洗不干净。我爸爸说让他洗一洗裤子，炼煅炼煅（锻炼锻炼）。我就洗衣服了，搓一下又一下，把我的衣服洗干净了，我才不洗了，我就把衣服拧干了，我又把衣服晒在铁丝上了。"女儿小学毕业从奶奶家过来后，一直自己洗衣服，养成良好的劳动习惯。有时候，学习紧张了，逢到期末考试、中考、高考，上大学以后从北京回来，我让老伴替小孩洗衣服，老伴说："干啥呀，孩子又不是不能洗，让他们锻炼锻炼。"两个小孩跟我出去旅游，都抢着拿东西，让我休息，从小就是这样懂事。尽管他们小，有些东西拿不了，但是我的心里特别高兴。

实验中学的制度，一般开学工作的安排是，星期五或星期六报到，打扫卫生，星期一上课。我们西站离实验中学有20多公里，我为了让欢欢少跑一趟，就给老师请好假，星期一去，连报到带上课。但她不肯，一定要按规定去报到，打扫完卫生回来，星期一再去上课。1996年8月21日，她到实验中学报到，分配了宿舍。中午就在舍长的带领下，和另一位女同学三个人打扫走廊上的垃圾桶，她们来到垃圾桶前，"哇！真的惨不忍睹，最显眼的是倒扣的西瓜皮，旁边除了废纸外，还有剩饭，散发着一股'沁人心脾'的恶臭。等我反应过来，她们俩已经把它用棍子抬上了，我被派去提那个垃圾袋，虽然在外面只看到四个包谷，但提起来却是好重，勒得我的手生疼，好不容易把它扔到垃圾堆上，心里却是很高兴，因为我们又做了一件好事。"像这样不怕脏、不怕苦、不怕累的劳动，欢欢她们干了不止一次、两次，虽然苦一些，但可以培养良好的劳动习惯。

有人说，经常参加家务劳动的孩子，独立性比较强，有利于形成勤劳俭朴的优良品质。我的两个孩子生活自理能力都比较强，不是那种"衣来伸手，饭来张口"的"寄生虫"，他们离开我，到北京上学，我很放心。小海从在清华大学上本科四年到后来攻读硕士学位，在校园附近租了一间平房，自己挣钱、做饭、洗衣服，后来在美国康奈尔大学攻读博士研究生，他吃不惯西餐，午饭凑合一下，晚上自己做，下面条、焖米饭、炒菜，每次回家总想学点烹调技术。实验中学两年多的住校生活培养了女儿的生活自理能力。上大学后每次从北京回来，不但自己房间的清洁卫生工作自己处理，还帮助打扫家里的卫生，拖地板、擦墙壁，做一些力所能及的家务活。

在有条件的时候，两个孩子通过打工挣钱，来体会工作的艰辛，培养自己的独立性。小海从大学四年级开始，就自己挣钱，经济上不再依靠我们。他通过做电脑软件、安装电脑网络，挣了几十万元。他在本科四年和攻读硕士研究生期间的所有费用、联系去美国留学的各种花销、去美国的机票等等，没有要我一分钱，剩下的钱兑换成美元带走了。在美国康奈尔大学攻读博士学位期间，美国人给他全额奖学金，经济上绰绰有余。但他还是在业余时间利用自己的专长挣钱，例如教美国人打太极拳。在康奈尔大学学习期间，利用业余时间在美国纽约州伊萨卡多所中学教授太极拳，应邀在纽约州Cortland市某大学（Suny Cortland）举行中国传统文化和太极拳的一系列讲座。有一张综合照片，由7幅照片组成，是他到美国后，在康奈尔大学练太极拳的照片。2003年12月回国，他专门去河南省焦作市陈家沟学习了陈氏太极拳。也就是有人说的拿了个牌子，回去以后可以"名正言顺"地教美国人太极拳。2009年9月至2011年3月，他在劳伦斯伯克利国家实验室（Lawrence Berkeley National Laboratory）工作期间，任太极拳协会主教练。

欢欢在大学三四年级时，做化妆品和文体用品公司的代理人，比起她哥来，虽然收入极其微薄，但是我还是支持她。我觉得一来让她体会到挣钱不容易，在花钱的时候精打细算；二来可以锻炼她，让她广泛地接触社会、认识社会，知道人们在社会上工作的艰难。有一次她告诉我，说中央财经大学的一位女同学打电话要化妆品，当她骑了一两个小时的自行车，千辛万苦地把东西送到的时候，这个女孩又不要了。她很生气，把这个女孩说了一顿。这个女孩知道自己理亏，笑着说："不管你今天怎么说我，反正我是不要了。"我当然安慰我的女儿了，辛苦了几个小时，一无所获，是够恼火的了。但我们也要替对方着想，对方改变主意了，原因是什么，是钱花完了，没有钱买东西了，还是考虑到东西太贵了。还有一次，欢欢出去推销文体用品，挣了十几元钱，回到清华校园，被一位逆向骑车的男同学撞了个人仰车翻，那位男同学连连道歉，要送她去医院看看。她当时没有感觉出什么，很大度地让他走了，结果车也坏了，人也受了伤，"肇事者"又放跑了，自己修车子，去医院，花了30多元，心理上不平衡，赔本了。我又将她安慰了一番：不要光算经济帐，要看到这是对自己的锻炼。那个男孩又没有耍赖，是你让他走的。算了，都是校友嘛。通过这些挫折，欢欢在逐渐地认识社会，知道工作的艰难。孩子通过自己的劳动挣钱，使他们体会到父母的辛苦，父母的钱得之不易，从而珍惜自己的生活，敬重和感激父母，将来自创前途和幸福。

陈独秀是中国共产党的创始人，由于长期从事革命活动，和孩子们很少生活在一起，但关心他们的成长。大概是在陈独秀创办《新青年》杂志的时候他把长子陈延年、次子陈乔年接到上海，"寄宿在《新青年》发行所亚东图书馆店堂的地板上，白天在外工作，谋生活自给，食则夸饼，饮则自来水，冬仍衣裕，夏不张盖，与工人同作工，故颜色憔枯，人多惜之，而怪独秀之忍也。"其夫人高君曼看到孩子这般受苦，"流涕不已"，托潘赞化向陈独秀求情，让两个孩子在家里食宿。陈独秀对潘赞化说："妇人之仁，徒贼子弟，虽是善意，反生恶果。少年自创前途可也。"（潘赞化《我所知道的安庆两个小英雄故事略述》，转引自任建树《陈独秀传》第32—33页）我们今天过分宠爱、娇惯孩子的家长们应该从陈独秀教育孩子的事例中得到启发。我们在初中就学过孟子的话："天将降大任于斯人也，必先苦其心志，劳其筋骨，饿其体肤，空乏其身，行拂乱其所为，所以动心养性，增益其所不能。"

## （5）坚持善良和助人为乐的本性

我经常对周围的人说："我最自豪的不是两个孩子考上清华大学，而是他们懂事。"所谓"懂事"，也就是有着良好的道德品质和教养。我经常说，懂事的孩子一定会好好学习，但学习成绩好的孩子不一定懂事。90年代初，铁二中曾经有一位女学生，是她妈把她带大的，家庭挺困难的。这个学生平常学习很刻苦，初中毕业，中考成绩居乌鲁木齐市第一名，后来报考了中专。一些老师问她为什么这样努力学习，她说得很朴实："我妈供我上学不容易，我就是想让我妈拿到成绩单的时候笑一下。"我经常用这个事例教育孩子和学生。有些学生成绩好了一点，就不服从家长和老师的管教。还是我们铁二中，前两年，有个学生因为在高二参加自治区学科竞赛获一等奖，被保送到内地一所院校，从此成为一名特殊学生：上课违反纪律，作业不认真完成，犯了错误，老师批评不得。小海和欢欢从来没有因为考上清华大学，在家里飞扬跋扈、为所欲为，在外面盛气凌人、不可一世。我给他们说，考上清华大学，在你们的人生道路上，"只是万里长征走完了第一步"，只不过为以后的道路奠定了一个良好的基础。

荀子说："积善成德，而神明自得，圣心备焉。"古代圣哲也教诲人们说："善不可失，恶不可长；善不可谓小而无益，恶不可谓小而无伤。"善良是人性中最光辉、最美丽的一部分，善良的心地等于黄金，它的情感及其修养是人道主义精神的核心。有人作了个比喻，一个健康的孩子就好比一棵树，必须以善良为根、正直为干、丰富的情感为蓬勃的枝丫，这样才能结出美丽的果实。教育家苏霍姆林斯基说："一个人应当在童年就上完情感的学校——进行善良情感教育的学校。"他教育儿童："要做一个善良的、富有同情心的人；要帮助弱者和无自卫能力者；要帮助患难的同志；要尊敬爱戴父母——是他们给了你生命又在抚育你，希望你成为一个诚实的公民，成为心地善良、心灵纯洁的人。"一个孩子如果没有善良，他的聪明、勇敢、坚强、无所畏惧等品质越是卓越，将来对社会的危害就越大。善不是一门学问，而是一种行为。

　　小海研读佛学经典，讲究一个"善"字，也就是多做好事，多做善事。上善若水，养生之本。善是养生的阶梯，善良心态似柔和的水，养育着人的脏腑，使之平衡畅通。他经常以讲故事或说笑话的方式给他妹妹讲些做人的道理，让欢欢"凡事为别人着想"，教欢欢学会"宽容"，"心胸开阔一些"。如何才能做到"快快乐乐，开开心心"？要"与人为善"，"己所不欲，勿施于人"，不能"以眼还眼，以牙还牙"。他告诉妹妹："只有敞开心怀，真诚地对待别人，才会换来别人的真诚。如果你用宽阔的胸襟对待每一个人，你就会感觉到这个世界是很美好的。"小海自己也是这么做的。我的一个高中同学去了美国，他的儿子也想去，因为超过20岁了，美国大使馆拒绝签证。又没有能力通过考托福、GRE去美国，滞留在小海那儿一两个月。小海管他吃、管他住，食堂的饭卡都交给他，此人后来不辞而别地去了加拿大，连个电话也没有。我的那位同学回国了，居然连声"谢谢"都不说，在美国待了几年，只剩下优越感，连起码的礼节都丢了。有一次，我开玩笑地对这位同学说："美国也没有把你教育好。"但是小海却满不在乎地说："我把我该做的做了，至于他们该怎么做，那是他们的事。""我做的事体现我的品质和教养，他们做的事体现他们的品质和教养。"

　　这使我想起了一篇文章《快乐的钥匙》中的一段话："一个成熟的人能握住自己快乐的钥匙，他不期待别人使他快乐，反而能将快乐与幸福带给别人。"文章讲了一件小事：哈里斯和朋友去买报纸，他的朋友礼貌地对报贩说了声谢谢，但报贩冷着脸，一声不吭。哈里斯问："这家伙态度很差，是不是？""他每次都是这样。""那你为什么还是对他那么客气？"哈里斯问他。"为什么我要让他决定我呢？"朋友答道。有人说："我没有得到领导的重用，所以我情绪低落。"这是把快乐的钥匙交给了领导。有人说："我今天和丈夫吵架了，所以我不快乐。"这是把快乐的钥匙交给丈夫了。有人说："孩子不听话，叫我很生气！"这又把快乐的钥匙放在孩子的手里了。一个成熟的人应该把快乐的钥匙握在自己手里，甚至将快乐和幸福带给别人，而不要期待别人使自己快乐，让别人来摆布自己。台湾作家林清玄的小说《乞丐的钵子》中有这样一段话："我把钱放在一个乞丐的钵子里时，有个好心人过来对我说：'台北百分之九十九的乞丐都是假的。'我说：'只要做了乞丐就没有假的，因为他的手要钱的时候，心情就是乞丐了，心情是乞丐的人，即使他家财万贯，也仍然是个乞丐，更值得同情，值得施舍。'同样的，一个穷人只要有富有的心情，他就是富人了。"他的意思是我们应该对人充满爱，对生活充满热情，本着一颗慈悲的心，一颗柔软善良的心去对待每个人，即便对方是一个"富有的乞丐"，是一个骗子。播种善良，才能收获希望，离开了善良，足以让人生搁浅和褪色，因为善良是生命的黄金。孔子说："仁者，爱人。""人而不仁，如礼何？人而不仁，如乐何？"（《论语·八佾》）孔子提出的"爱"是泛爱，就是说所有人之间都应该相亲相爱。这对于构建和谐社会与人际关系有着积极意义。

与快乐相关的是幸福，一个不快乐的人，肯定是不幸福的；一个幸福的人，肯定是快乐的。我们应该教育孩子从小就树立正确的人生观和幸福观。最近，中央电视台关于"什么是幸福，你感到幸福吗？"的专题节目，还是很有意义的。不久前，荣获2012年度诺贝尔文学奖的莫言与采访他的中央电视台记者有一段关于幸福的对话，很有意思。记者问："您幸福吗？"莫言："我不知道。"记者问："绝大部分人觉得您这个时候应该高兴，应该幸福。"莫言说："幸福应该是什么都不想，身体健康，精神没有任何压力才幸福。我现在压力很大，忧心忡忡，能幸福吗？但是我要说我不幸福，你就会说我太会装了嘛，刚得了诺贝尔奖还不幸福吗？"诚哉斯言！幸福的基础是身体健康和精神健康，获得诺贝尔奖就幸福吗？1961年7月2日，曾获得1954年度诺贝尔文学奖的海明威开枪自杀了，这让很多人不理解。其实，身体和精神疾病的结合就是海明威自杀的原因，高血压、糖尿病和神经方面的多发病症使他痛苦不堪，尤其是电击疗法导致他精神世界的死亡，他决心以生命的自我毁灭来解除痛苦。他在遗嘱中说："我所有的希望已破灭，我那意味着一切的天赋如今抛弃我，我辉煌的历程已尽，为维护完美的自我，我必然消灭自己。"可以说幸福和快乐是一种心态，是一个过程，不完全是物质的。

在这个世界上，有些东西是权力换不来、金钱买不来的，如智慧、健康、能力、美丽、思想、见识、教养、素质等，当然也包括快乐和幸福。所以，那些权倾朝野的高官、腰缠万贯的富翁、学富五车的教授并不一定幸福和快乐，而有些普普通通的平民，不名一文的穷人，大字不识的文盲，也可能是快乐和幸福的。星星还是那个星星，月亮还是那个月亮，怎样看待那个星星和那个月亮，决定了你快乐不快乐、幸福不幸福。如果你感到"我们的生活充满阳光""在希望的田野上"到处是青山绿水、鸟语花香、晴空万里、春风浩荡，当然你就会感到快乐和幸福。如果你与这个世界和周围的人格格不入、自视清高、怀才不遇、孤芳自赏、鹤立鸡群，就会感觉到处是冰天雪地、狂风暴雨、沙漠荒原、不毛之地，当然你就没有快乐和幸福。我们要适应这个世界，而不是也不可能让这个世界来适应自己。我们要和周围的人搞好关系，而不是让周围的人首先和自己搞好关系，来揣摩你的心情使你高兴。

我跟孩子讲，你们应该通过读书、学习、劳动、实践，百折不挠、坚持不懈，使生命的火花燃成熊熊大火，朝着明确的目标和理想，朝着无限辉煌、无限美好、无限幸福的人生前进。一位上过九次手术台的女人说："我不是天使，但我拥有天堂；我不是海豚，但我遨游海洋；我没有翅膀，但我俯视阳光；我没有神灯，但我手捧希望。"这个女人给我们的启示是：一个人的快乐和幸福与他的人生观是分不开的。幸福不在于他得到什么，而在于他追求什么；不在于他从事什么工作，而在于他对工作和生活的态度。正确的人生观让你总是能感到青春常在，获得幸福和快乐。前几年，小海从美国寄了一篇文章，题目是《我所理解的幸福》，附录在这一节的后面，从中可以反映出小海的幸福观。

1993年以后，小海先后在乌鲁木齐市各类学校做过几十场讲座，包括从美国回来探亲，到一些学校搞讲座，从来没有拿过一分钱报酬。有些学校已经把钱准备好了，他也坚决不要。他说："教育部门本来就艰苦，教育经费本来就少，我要拿了这个钱，就违背了我搞讲座的本意。"1999年以后，欢欢在她哥后面搞了几次讲座，也是一分钱不要。她说："我哥不要，我也不要。"2010年6月，小海在上海参加国际学术会议，又专门到北京，14日下午在清华大学水电工程系作关于《自由水面的数值模拟》学术报告。因为行程紧，没有时间回乌鲁木齐，我和老伴专程赶到北京去看他。2012年5月，小海到南京师范大学参加国际学术会议，会后去浙江大学作了个关于《Navier-Stokes方程在超大型计算机上的自适应网格4阶精度的数值解》学术报告。31日，专门赶回乌鲁木齐，待了4天。6月1日—3日，分别给建工师一中、69中、23中三所中学的高中学生作了关于《科学人生》专题讲座。这几次讲座采取的是互动式的方法，以数学方面的知识，提出一些问题，启发学生的思维，共同探讨问题的答案，从而鼓励学生树立科学的、积极的世界观和人生观，包括要善良、宽容、忍让。这种方法受到学生的欢迎，学生非常踊跃、积极思考、回答问题。原定两个小时的讲座，一般搞到三个半小时，学生还围着张庆海讨论问题。6月9日，由北京回美国前，他还在国家科学研究计算中心作了关于《高阶精度的投影方法》的学术报告。

2001年7月，在小海出国前夕，我领着全家回老家江苏泰州，因为小海买的飞机票是从上海飞往纽约的。一路上，在公共汽车和地铁列车上，小海和欢欢不断地给老弱病残孕让座。我的一位老邻居的母亲当时80多岁了，有人请她和我们吃饭，上楼、下楼、走路、送她上车，都是欢欢搀扶着这位老太太。我的一位1955年~1956年在泰州大浦小学上二三年级时的同班同学，几十年来，我们一直保持着友好的关系。他的儿子于1999年考上南京师范大学生物学系，2001年底，经医院确诊为白血病。这位同学两口子都已退休，经济上有困难，我分两次给他们资助了8000元。小海和欢欢知道后，不仅没有微词，还一再说我做了一件"大好事""大善事"。这位同学来电话表示感谢，我的老伴也说："你们是老同学了，这有什么感谢的。"

不欺侮、不嘲弄弱势人群，不要把自己的快乐，建立在别人的痛苦之上，也就是要教育孩子具有人道主义精神，要培养孩子的同情心。同情心可以使孩子的心理更健康、更健全，它既是一种心理需要，也是一种道德现象。社会上少了同情心就可能少了许多文明，多了人与人之间的忽视、冷漠、排斥甚至争斗。我们应该教育小孩在爱自己的同时，也去爱别人，同情老弱病残，尽量帮助别人，人活在世界上最重要的是要有爱人的菩萨心肠。

据欢欢日记记载，她经常尽自己的经济力量，资助困难的同学。1996年10月，实验中学一位学生在物理竞赛中获得自治区一等奖，作为新疆的代表去浙江参加全国物理竞赛。来回路费需要1500元左右，该生家庭比较困难，学校只补助260元。学生会主席发动大家捐款："希望每个同学都能献出一份爱心，并不强求，只是自愿的……"当时欢欢刚上高一，积极响应了这个捐款号召。有一次，欢欢去饭馆吃饭，一位老太太乞讨，她顿生同情、怜悯之心，轻轻地搀着她，请她坐下，把仅有的三毛零钱都给了老太太，另一只手插在口袋里，捏着一张10元的钞票，犹豫再三，没有给。事后在日记里还检讨了自己，认为这是"自私"的表现。不久，欢欢和班上同学一起去一个同学家里，这个同学家庭很困难，班委会号召捐款，她把平常的积蓄200元全捐了。班主任把钱从班委会要过来，还给欢欢，并给我打了个电话："学生嘛，没有工资来源，适当的捐一点就可以了。"班主任让我同欢欢谈一下以后捐款要适可而止。星期天，我在和欢欢的谈话中，首先肯定了她的这种善良的品格，"善良是人的天性中最美好的东西，是每个人的心灵所追求的，善待他人，必生福光，延年益寿。但是世界上的穷人很多，你是救济不过来的，中国有句俗话，叫做救急不救贫，同学有什么困难，急需钱，赞助一点是对的，也要量力而行。我们有时也给有困难的同事，给得疾病的老师、学生适当地赞助一些，一般情况下，就是几十元。要把工资都捐了，全家还怎么生活？都得喝西北风。"

## 附：我所理解的幸福

张庆海

古时有人虔诚拜神，每夜子时必焚香祷祝，风雨不断十余年。天神感其诚，一夜现身曰："汝何所求？"人曰："无他，但衣食足用，闲来无事，游山玩水，无烦恼于心。"天神惊，"此乃上界大罗金仙之福，我辈尚无，焉能与汝？"

我一直认为，这世上只有三种人。

第一种人，欲望很少，所得很少，却很幸福，譬如《论语》上所说的颜回："一箪食，一瓢饮……回也不改其乐。"；

第二种人，梦想很多，同时很勤奋，或是很有才，所以总能通过努力实现自己的梦想，但实现梦想的同时，也被梦想所拥有，譬如李义山的名句："嗟余应鼓听官去，走马兰台类转蓬。"

第三种人，欲望很多，但很笨，又不愿努力，于是在梦想与现实的反差中苦苦挣扎，如鲁迅笔下的阿Q。

人似乎总要抓住些什么，就像一出生的婴儿紧握的拳头，稍稍懂事，便被教育要有理想、有追求；高中时，我们这么想并且父母也这么说："再苦两年，高考完了就好了。"问问为什么，会被告知："为了以后的幸福生活。"

为什么要为了"以后"的幸福生活？难道没有"现在"的幸福生活？

进了大学，我们想："哎，要是有个亲密爱人就好了。"

当我们发现那许多"就好了"的遥不可及，或是疲惫于旅途的跋涉，叹息便扑面而来了。

为什么非要得到些什么才能幸福呢？

幸福其实与梦想无关。一个没有实现的梦想固然是破灭，当你实现一个梦想时，那梦想也破灭了。于是我们又会有新的梦想，继续前行，然后告诉别人，传说中的幸福就是自己的那个新目标，就像从中学到大学，幸福从"考大学"变成"亲密爱人"一样。为了这个目标，痴男怨女的我们，演绎许多"求不得、爱别离"的风卷云舒。

真正幸福的有几人？

为什么所有关于王子和灰姑娘的童话，都绝口不提他们婚后的生活？

幸福是如此遥不可及，因为幸福被绑定在太多遥不可及的梦想上。

幸福真的那么难吗？"Happiness is not a goal to achieve, but a way of traveling."幸福不是一个遥不可及的目标，而是一种生活的方式。

不要回忆过去，因为"雨季不再来"；

不要期盼将来，因为你无法左右将来；

应该把握住现在，因为你的生命就是由每一个"现在"组成的。

梦想和希望本来无可厚非，但它不应该使你变成一个匆匆前行的旅者，忽略沿途美丽的风景，更不应该成为人生的包袱，"有待"的人生是痛苦的，因为那期待变成了一种熬煎。

这世上有很多美好的东西值得我们用心体会，文学、艺术、数学、落日、婴儿的眼睛、在枝头歌唱的小鸟、山野阳光下盛开的郁金香、一个会心的微笑、一个志趣相投的朋友……

一个幸福的人，有孩童般的好奇心、少年人的激情、青壮年的精力和老年人的智慧。

不要恐惧年龄的增长，人不是因此而衰老，而是因为焦虑、担心、嫉妒、自弃、绝望，等等等等。

不要拒绝苦难，天将降大任于斯人也，必先苦其心志，劳其筋骨，饿其体肤，空乏其身，行弗乱其所为，所以动心忍性，增益其所不能。

不要逃避寂寞，天将降大爱与斯人也，必先憔悴其身，寂寞其心，使其求而不得，苦海沉疴，所以历练其心，得悟爱之真谛。

我们向往轰轰烈烈的爱情，但幸福的本质是清淡的，唯其清淡，所以能长久。这是自然的规律，如果不信，那么谁见过历时一年以上的暴风雨？

同室某公厨艺甚佳，每下厨必煎炒烹炸，菜香四溢，然则常慨叹难再突破，饭菜无味。

与其相比，在下厨艺甚烂，然则饭菜入口，便津津有味。

一日戏言："汝名厨也，烹饪饭菜也；吾明厨也，烹饪食欲也！"

### （6）养成节约粮食和勤俭的习惯

我们上学的时候，初一的语文课本上节录了《颜氏家训·涉务》中的一段话，当时还是要求我们背诵的课文，我还记得这篇课文一开始就是："古人欲知稼穑之艰难，斯盖贵谷务本之道也。夫民以食为天，民非食不生矣。……"颜之推在这篇文章中主要是强调农业生产的重要性，以及农民从事农业生产的艰难，粮食来之不易，从而教育后代要珍惜农民的劳动，珍惜粮食。小海、欢欢出生的年代，是我们国家粮食紧张的年代。当时粮食紧张可以从一件小事反映出来，周恩来总理私人宴请中国乒乓球队，邓颖超专门关照乒乓球队的运动员每人带上半斤粮票，要不，她和总理就得饿肚子了。一个国家的总理请客，都没有办法解决主食问题，要求客人自带粮票，一方面说明周恩来总理廉洁自律，另一方面恐怕也说明国家的粮食紧张到什么程度了。我们国家实行粮食定量长达30年之久。在这种情况下，教育孩子爱惜粮食，既有深刻的现实意义，又可以培养他们热爱劳动人民、艰苦朴素的优良品质。我让他们从小就背唐代诗人李绅的诗："锄禾日当午，汗滴禾下土，谁知盘中餐，粒粒皆辛苦。" 我在小时候就背这首诗，《千家诗》和《唐诗三百首》中还没有选，我是从《唐代文学作品选》中找到的。同时，我和他的爷爷、奶奶经常要求他们不能浪费一粒粮食，饭粒掉到桌子上，一定要捡起来吃掉。吃饭的时候，只允许用筷子拣菜盘里靠近自己这一面的菜，不允许拣靠近别人那一面的菜，更不允许在菜盘里乱翻乱拨，尤其是有了客人在场的时候。我是跟着外公、外婆长大的，外公对我要求很严格，在我很小的时候就这么要求我。

西方国家在教育上有句话：再富不能富了孩子。他们认为，在钞票中长大的孩子容易养成奢侈的习惯，终将一事无成，所以他们宁可把钱捐给慈善事业，也不随便给孩子挥霍。在这一点上，和我们国家的传统教育相似。当然，西方国家强调的是培养孩子的自立自强的精神，我们则是注重培养孩子的艰苦朴素的美德。中国有句俗话："家贫出孝子。"我对这句话的理解是，在艰苦环境中锻炼成长起来的孩子，道德品质优良，学习比较勤奋，能够成才。曾国藩在家书中说："历览有国有家之兴，皆由克勤克俭所致。其衰也，则反是。"常人处世立足，就应当"力崇俭德，善持其后"。

我一贯认为，孩子尤其中小学生的口袋里的钱多了，总不是好事。诺贝尔说："金钱这种东西，只要能解决个人的生活就行，若是过多了，它会成为遏制人类才能的祸害。"现在有些独生子女毛病多，狭隘、自私、贪婪、任性、怯弱、懒散、目空一切……一个重要的原因就是生活条件太优裕了。有些家长错误地认为给钱就是尽到责任，把孩子送到学校，给他们交学杂费、书本费、住宿费，管他们吃，管他们穿，再给他们零花钱，至于孩子的思想品德如何，学业成绩怎样，不闻不问，都交给老师和学校了。零花钱多了，有些孩子就用来抽烟、喝酒、去游戏厅、上网吧。毛病怎么能不多？艰苦朴素是孩子良好道德品质的重要组成部分，具有这种品德的孩子，从小过惯了清贫的生活，往往比较懂事。我们家的兄弟姊妹比较多，靠父亲一个人每月130元的工资生活，不是很富裕。我记得加上外祖母，共9口人生活，每人平均还不到14元。孩子除了过年做上一两件新衣服，平常就穿旧衣服，把大人的衣服改一改，给孩子穿。我们养成了艰苦朴素的习惯，我又把它传递给了自己的孩子。女儿年龄小，经常捡她的几个表姐的衣服穿，很少买新衣服。小海从小就穿剩衣服，先拣他妈妈的，后来拣我的。小海上小学三年级，有一天放学回家发脾气，原来他妈把自己的裤子改了一下给他穿，但开口还是在侧面，小海上厕所时，同学们都笑话他。

两个孩子在衣着上都不讲究，但是我们家在饮食方面比较注重，尤其是一日三餐，既按照报刊杂志上的宣传，考虑营养价值，又要不断变换花样，调换口味。结婚30多年来，我们家的早餐一直是我做。我给孩子强调一定要吃早餐，从来没有让他们啃个干馒头走人，我起得早，每天我起床后抓紧时间做早餐，让孩子汤汤水水、热热乎乎地吃完早餐上学。现在不少孩子不爱吃鸡蛋，我有时还要软硬兼施，让他们吃个鸡蛋。据营养学家讲，一个小小的鸡蛋含蛋白质7克、脂肪6克，产生热能82千卡，钙、磷、铁和维生素A含量很高，还含有其他多种人体必需的维生素和微量元素。所以这些营养学家们大声疾呼，每人每天要吃一个鸡蛋。肉、蛋、奶是我们家庭每天食谱中必备的食品。午餐和晚餐以米饭为主，总要弄上几个菜，至少有一个荤菜。有时候也吃面食，如面条、馒头、烙饼、拉条子、饺子、包子、抓饭等。小海高考复习最紧张的时候，我专门制订了一份食谱，仔细推敲，争取一星期内尽量做到不重样。小海经常去城里参加竞赛，每次，我都准备一军用水壶的白开水、一两个馒头，有时候煮上两个鸡蛋，或买上点饼干，再给他1元钱，作为买冰棍、乘公共汽车的费用。后来不少亲朋好友包括我的母亲和老伴，给我提意见，说给得太少了。这才增加到1元5角、2元。我们学校的一位职工说："我要有这么个争气的孩子，给他10元、20元的。"我说："不是那么回事，钱，我有，我主要是想让他们养成一个艰苦朴素、勤俭持家的习惯。"小海在进入大学以前，没有戴过手表。他上小学五年级的时候，有一次在奶奶那儿吃饭，他从怀里掏出个东西看了看，又放回去了。我感觉不对头，说："什么东西？拿出来看看。"小海说："一块表。"说着就掏出来递给我，是一块很旧的电子表。"从哪儿来的？""大叔给我的。"这块电子表是我的大弟弟新齐花5元钱买的，已经用了两三年，不想要了，就给了小海。我说："那也不行，孩子家要什么表！没收了。"最近因为写这本小书，翻出了小海在1993年10月30日，也就是上大学一年级时的一封信，上面写道："我在学校慢慢学会如何省钱地吃饭，您以后寄钱，200元就够了，这里取钱还挺麻烦。我想，因为我们1月24号放假，您在11月初给我寄450元，这学期就够花了，我可以把多余的钱存入银行。"

欢欢从小就养成了存钱的习惯，小学毕业前在她奶奶那儿，有点零花钱，就把它存起来，从不乱花。爷爷病了，她就从"小金库"里拿钱买点巧克力、果冻、芝麻糊等，孝敬爷爷。我经常告诉孩子："咱们家有钱，但不能养成乱花钱的坏习惯。"欢欢在初中上学阶段，有一次曾经对我说："我们同学说咱们家啥也没有，没有电视，没有冰箱，最寒酸了。"那时他哥已经考上清华大学了。我马上说："但是咱们家有两个争气的孩子，这才是无价之宝啊！"欢欢听了，很高兴。1994年12月，欢欢刚上初二，我们人大常委会组织了一场关于人民代表大会知识的抢答赛，规定可以请学生或其他人参赛。我当然就找上了欢欢。竞赛结束了，中午，我们在饭馆便餐，欢欢高兴地说："太好了，我还没有下过馆子呢！"她要了个拌面，但没吃完就急急忙忙上课去了。后来，欢欢到实验中学上高中，住校，有时我进城开会，总要在中午专门去她们学校，领着她到饭馆吃个拌面、抓饭或者薄皮包子。小海在考上大学以前，每个春节的压岁钱统统上交，要不让他用压岁钱交学杂费和书本费。对欢欢宽松一点，压岁钱上交一半。小海在高中毕业前，口袋里很少有超过一元钱的时候。他奶奶看不过去，有时候悄悄给他几元钱，说："一个男孩，口袋里没有一分钱也不行，买根冰棍呢？不能老让同学请客啊！"他刚到清华大学上学，每月生活费300元，并且把他每年得的800元光华奖学金也算到生活费和学费里。大学二年级以后因为各种花销增多，尤其需要买书，当然也由于我母亲和亲戚朋友的劝说，其生活费才逐渐增加。欢欢高中住校，一个星期给上一二百元的生活费。这样在"艰苦"环境中长大的孩子知道家长的艰难，钱来之不易。1996年欢欢上了实验中学以后，8月底，先交了学杂费、书本费、住宿费等，到了10月，又需要交"校服65元、上机费30元、班费10元"。这可使欢欢发了愁，"怎么对爸爸说呢？总向爸爸要钱，我已经都不好意思开口伸手了。开学时的学费就交了800多元，住宿费200多元，还有这个资料费，那个书本费，天哪！这才开学五个星期，我就交了1300元之多！每次朝爸爸要钱的时候，他都爽快地把钱给我，可我接过的却是沉甸甸的呀！父母的血汗钱呐！虽然他并没有说什么，可我自己真的没有办法开口了，他们还要负担哥哥的费用，我……唉！我想只问爸爸要校服费就行了，剩下的我自己来吧。"（1996年10月4日日记）类似这样的日记有好几篇，其实她的钱也就是省下来的伙食费和很少的一点零花钱。

### (7) 敬重长辈，文明礼貌

我们中国有着几千年的悠久文明，是礼仪之邦。尊重长辈，敬爱父母，是我们中华民族的美德和优良传统，它应该体现在我们每个家长对孩子的教育中。我们不仅要爱孩子，还要教会孩子懂得爱，教育孩子尊敬长辈，建立良好的健康的亲情关系。

礼貌是心灵美的外部表现，一个没有礼貌的孩子，谁也不会喜欢。自家的亲人就不用说了，即使家里来的客人，我也要求小孩有礼貌，按照辈分称呼。在所有的亲人中，两个孩子最尊敬的、最怀念的就是爷爷奶奶，尤其是奶奶。整个七十年代和八十年代初期，我们是一个大家族生活在一起，对于两个孩子的成长、教育，我和老伴虽然也参与其中，但是主要功劳应归于奶奶。他们小的时候，奶奶走到哪儿，都把他们背上，有人开玩笑地说："小海成了他奶奶背上的一颗螺丝钉了。"欢欢从小就和奶奶睡在一起，奶奶很信任她，自己的酸甜苦辣都给她讲，甚至奶奶的存折、钱放在哪儿、有什么打算她都知道，欢欢也说她是奶奶"最忠实的听众"。两个孩子长到四五岁，奶奶回江苏泰州老家、去东北办事、到北京旅游，先是把小海带上，小海上学了，又把欢欢带上。两个孩子对奶奶的感情最深，小海小时候经常说："我长大了，第一个报答的就是奶奶。"1993年7月，小海拿到清华大学的录取通知书，说："这会改变我一生的历史，没有奶奶，我是不可能考到清华大学去的。"在欢欢的日记和作文中，留下了许多关于奶奶的美好回忆。她在初三写的作文《我在奶奶怀里听〈红楼梦〉》记述了她从很小的时候，就经常听奶奶给她讲《红楼梦》里的人物和故事情节，上了小学六年级，她和奶奶一起评论《红楼梦》。1995年10月13日23时15分，奶奶因患糖尿病并发脑溢血去世，从发病到去世，不到30个小时。晚上8点发病，送到医院。在一楼抢救室还清醒，说太阳穴疼痛难忍，护士一量血压，高压240，打了降压针，接着用担架抬到四楼病房，不久就昏迷不醒，医生下达了病危通知书。奶奶的病逝对我们全家的打击太大了，全家都没有精神准备，悲痛万分，好像天要塌下来了。欢欢在日记中记下了奶奶去世的当天，她去瞻仰奶奶遗容时无比悲痛的心情：

"奶奶！孙女来看您来了！

"您匆匆地离去，没有一丝缠绵，太匆忙了，我未曾见您的最后一面，也未与您说声'再见'。奶奶，现在我来了，就在您的遗体面前。您脸上好安详，可您为什么不睁开眼看看我呢？看一看您平日最疼爱的孙女呢？

"奶奶！请您睁开眼再看一看吧，难道您不想再看看这个世界，没有一丝眷恋吗？您脸上挂着满足的微笑，您真的很满足吗？满足的应该是我们——您的子孙们，您为了我们，一生兢兢业业，含辛茹苦。而未等我们报答您的恩情，您却又去了另一个地方，一个那样遥远的地方，我们始料不及，我们失声痛哭，可这一切却未能拦住匆匆离去的您。

"奶奶！请您睁开眼看一看吧，难道您不想再看看您的儿女、孙子吗？看看我们红肿的眼睛，听听我们沙哑的声音吧！往日您一定会问寒问暖，提醒我们吃药，提醒我们看病，可您为什么不注意一下自己的身体呢？如果您早去医院检查，也许就不会有高血压，也许就不会有糖尿病，也许就不会有脑血管破裂，也就不会有'死亡诊断书'，就更没有今天站在您面前披麻戴孝的我们！我们披麻，我们戴孝，可这又怎能挽留唤回已经离去的您呢？

"奶奶，请您睁开眼再看一看吧！未曾到两天一夜（应为两夜一天），您发病尚未到36小时（实际上27个小时），插氧，无济于事；人工呼吸，仍无济于事。不论医生如何努力抢救，心电图仍顽固地拉出一条直线。奶奶呀奶奶！您为何不等等大姑姑，为何不等等小叔叔，又为何不等等大姐、您疼爱的子孙们来看您，您就去了呢？……

"你们不要拉我，让我再看一看奶奶！让我再看一看我亲爱的奶奶吧！"

这篇日记充分表达了欢欢对奶奶真挚的感情，至今读来，仍然催人泪下。这样的日记、作文有十几篇之多。八九年来，她对奶奶的思念一直萦绕在脑海里。在路上听到别人家的小女孩叫"奶奶"的声音，会依稀望见童年的自己，正拉着奶奶往前走。有一天晚上，已经11点多了，她遇见了一位离家出走的老太太，她触景生情，坚持要把这位老太太送回家。欢欢多次梦见奶奶，在梦中尽情地享受奶奶的慈爱："我觉得奶奶离我好近，又离我好远，她的手在我的头上，她的爱在我的心中。耳边不断响起奶奶温和的声音：'欢欢，快吃饭！''欢欢，睡觉吧！''欢欢，该起来了……'这种声音越来越大，越来越近，内心的千言万语顿时变成焦急的渴望，焦急的呼唤，我终于喊出了：'奶奶！'只说了这两个字，我的泪已经涌了出来，无声的泪珠一个劲儿地往下掉，往下掉，我并不去擦。泪水，你流吧，流吧，畅快地流吧！""到哪里才能找到我敬爱的奶奶呢？在山上吗？在地下吗？不，不，都不是，奶奶在我心中，永远在我心中！

泪，还要流吗？当我看见奶奶冲我微笑地说：'好孩子，乖孩子，不哭……'好孩子，好孩子依然在这里，好孩子的好奶奶呢？您在哪里？我最悲痛欲绝的一次，莫过于我知道您去世的消息之时，那是如何的惨痛啊！14岁的我和您在一起待了12年，我对您的感情如此之深呐！您总是最疼我，什么都偏爱我。放心吧，奶奶，这个您最疼爱的孙女知道用什么来报答您，我永远爱您！"奶奶为我们这个家辛勤劳苦了一生，她老人家虽然离我们而去，却永远活在我们全家人的心中，至今我们家的客厅里仍然悬挂着奶奶的遗像。

我和我父亲以及家里的人经过商量，决定不把奶奶去世的消息告诉小海，以免影响他的学习。1996年2月，小海放假回来，得知奶奶去世的消息，很难过，说："奶奶辛苦了一辈子，现在终于解脱了，奶奶这辈子很辛苦，很累，下辈子会享福的。"小海说奶奶去世的那几天，梦见了奶奶，总觉得家里好像发生了重大的事情。他花了一整天的时间，工工整整地抄了一份《金刚经》，到奶奶的坟前烧了。

唐朝诗人孟郊写了一首诗《游子吟》："慈母手中线，游子身上衣。临行密密缝，意恐迟迟归。谁言寸草心，报得三春晖？"父母把子女养育成人，不知花费了多少心血。曾经有人做过测试，让中国、美国、日本的孩子分别写上最敬爱的两个人。日本孩子写的是父母亲，美国孩子写父亲或母亲，另外写上一个其他的人，惟独我们中国的孩子，很少写自己的父母亲。傅华著《梦想与激情》记载了一群中国孩子在美国夏令营里的成长故事，其中有一个孩子为了表现自己很"酷"，居然在课堂上对美国老师说：我最讨厌的人是中国的父母和老师。当时坐在后面的作者听了以后，感到一阵阵苦涩，所以他发出这样的声音："是孩子出了问题，还是父母出了问题？"

大家都知道，父母是孩子第一位"爱"的教师，孩子正是从父母彼此相爱那里感受到家庭的温暖，并且学会爱别人。儿童都渴望健全、幸福的家庭，渴望母爱与父爱的温柔的感情。父母亲之间、父母亲与孩子之间应该相亲相爱，作为父母，应该疼爱孩子，教育孩子，培养孩子文明礼貌的良好品德和习惯。我们和孩子之间都互相记住了对方的生日，每年到了生日，我们都要互致生日的祝福。逢年过节，包括教师节、圣诞节、父亲节、母亲节、中秋节等等，两个孩子都要向我们表示祝福。有一段时间，他们兄妹俩给我们寄贺卡。我至今还保存着他们给我们寄的所有贺卡。小海从到北京上学，一直到2001年7月去美国留学，每年都给我们寄。其中1998年元旦的贺卡写得最令我感动："亲爱的爸爸妈妈，新的一年即将来临，身在远方的儿子用这张小小的贺卡寄去我的思念和对您们深深的祝福，感谢您们过去的一年中对我们的养育、关怀和呵护。随着年龄的增长，渐渐体会到二老将我和妹妹哺育成人是多么不易。您们付出了许多许多，在不久的将来，您们终将因我和妹妹的杰出成就而开心一笑，那是我最期盼的。恭祝二老新年愉快、身体健康、工作顺利、万事如意。"1999年元旦，小海用自己制作的贺卡向我们祝贺新年："爸爸，在我的生命之书中，您是第一章！""妈妈：我一出生就交上了好运。您是百里挑一的！"读了这张贺卡，我涌上心头的念头只有一个："我放弃留北京，回来教育孩子这步棋没有走错！"我感到欣慰的，并不仅仅是两个孩子考上了清华大学，而是他们对我们的理解和对我们教育他们成长所付出的辛勤劳动的肯定。如果像小海所说的，他是一本书的话，那么孩子是父母一生中最难读的一本书，也是父母一生中读得最有幸福感和成就感的一本书。

1996年圣诞节即将来临之际，欢欢"小心翼翼地打开自己精心挑选的贺卡，慢慢地写上'亲爱的爸爸、妈妈：'唉，早准备好的清词丽句不翼而飞，我稍微想了一下，继续写道：'祝你们圣诞节快乐。十五年来你们无微不至地关心我，爱护我……'写着写着，仿佛看到爸爸妈妈温和的笑，又想起每次爸爸妈妈送我去车站的情景。爸爸头上的银发，妈妈脸上的皱纹，蕴蓄了多少对我的爱啊！写完了贺卡，轻轻放在爸爸拿书的地方，然后我登上了火车，不知他们发现它时会是怎样的一种心情呢！"这是欢欢1996年12月22日的日记，22日是星期日，她在星期六回家，第二天回学校前给我们留下了这张贺卡。据我这一天的日记记载，我不但收到了这张贺卡，记下了贺卡的全文，包括欢欢在日记中所记的上述引文中删节号中的内容，而且记下了我的心情："欢欢长大了，懂事了，话虽然很普通，但出自孩子的内心，使我的心灵得到极大的安慰。我感到，为这样的孩子付出得再多，也是值得的！"1997年9月7日，欢欢给我发了一张祝贺教师节的贺卡："老爸：您才是我永远的老师，早想对您说：您辛苦了！更想对您说：我爱您！"1998年10月5日是中秋节，我进城办事，顺便给欢欢捎去两块月饼、一些梨和苹果、一缸子酸菜。欢欢见到我很高兴，抱着我又是笑，又是跳。晚上11点多，小海来电话，向我和他妈祝贺节日。小海的电话刚放下，欢欢又来电话祝贺，还说他们班搞活动，出不来，电话打晚了，表示歉意。她说，你们在阳台上看着月亮，我也看着月亮，你们就看见我了。

欢欢从小时候到现在，与我们之间，一直使用礼貌用语"谢谢""再见""你好""对不起"等等。我给她买点好吃的或送她生日礼物，她都要道谢："谢谢爸爸！"当然，她为我办点事，我也要向她表示感谢。我们分手，互相要说"再见"，我去北京，或她回乌鲁木齐，离别的时候还要拥抱一下。2003年12月，小海回国探亲，第二年2月15日离开乌鲁木齐去上海回纽约，我们送到机场。已经进去准备检票登机，又折回来和我、他妈以及来机场送他的大叔叔、小叔叔拥抱，再一次告别。

现在，我和两个孩子每个星期都要通一次电话，或者星期六，或者星期天。电话接通以后，我们的第一句话总是"小海，你好！""欢欢，你好！""爸爸，你好！""妈妈，你好！"虽然亲如父女、母子，使用了这样的礼貌用语，觉得相互之间的感情更上一层楼了。有人说，父亲更偏爱女儿，母亲更偏爱儿子。在我们家里，我的父母亲就没有重男轻女的思想，我妈经常说："男孩女孩一个样，谁听话就喜欢谁。"受了我母亲的影响，我和老伴对两个孩子一视同仁，一样亲热，只不过女儿年龄小，对她更宽松、更疼爱些罢了，决没有什么偏心之类的成分。在父母亲疼爱（请注意，决不是溺爱）中长大的孩子，最知道孝敬父母亲。在一篇《父女情》的作文中，欢欢写道："没有父母，哪来的儿女？父母的关心爱护，父母的疼爱，父母对我们的好处，我们哪一点可以还清？母亲是伟大的，有许多人写过'母子情'、'母女情'，今天，我要说父亲同样也是伟大的。"像这样感激父母、体贴父母的记载，在她的日记和作文中俯拾皆是。欢欢小时候唱"世上只有妈妈好，有妈的孩子是个宝……"我知道是电视剧的歌曲，故意给她开玩笑说："世上只有妈妈好，爸爸不好了？"欢欢赶紧说："爸爸也好！"

人生最圣洁、最美好的就是母爱。爱妈妈是"爱"的萌芽，"善"的开始。每当一年级新生入学，前苏联教育家苏霍姆林斯基总要在校门口悬上大幅红字标语："孩子，请爱你的妈妈。"在人类的心灵中，祖国和母亲同样的神圣。只有在幼小的心灵里建立起爱母亲的神圣感情和信念的人，才能成为一名真正的爱国者。欢欢在上初三的时候写了一篇作文《妈妈，我想对你说》："妈妈，我想对你说，我对你的爱是无法用数字来计算的，这是我看了一则故事受到的启发。一个小女孩上学回来对她妈说：'妈妈，我爱你十倍。'顿了一下，她想了想，说：'妈妈，我爱你二十倍。''不，一百倍。'她想了想又说。最后，她叹了一口气，说：'唉，妈妈，我对你的爱是无法用数字来计算的。'我深受启发，在14年中，从我呱呱坠地到长成一名中学生，这里面倾注了你多少的爱，多少的辛苦啊！而我，我从来没有对你说过一声'妈妈，我爱你'，我甚至还经常和你顶嘴，让你生气，我多么不应该呀！'世上只有妈妈好'，你听见了吗？妈妈！'世界上最伟大的是母亲，最温暖的是母爱'，你听见了吗？妈妈！妈妈，我还想对你说，请你歇歇吧！不要再忙里忙外，不要再洗那么多衣服，干那么多活了！我帮你吧，我已经长大了……"1996年10月28日，是欢欢15岁的生日，她在日记中写道："今天是我的生日，也是妈妈的受难日，在此祝我生日快乐，也祝妈妈快乐！生我爱我的妈妈，哺我育我的妈妈，在15年前的这一天，您忍受了多么大的痛苦啊。愿15年后的今天以至以后的每一天，您都快乐幸福！女儿会用女儿的真情挚意报答您！"她们的语文老师读了这篇日记，很感动，写下了这样的批语："想想我的儿子，什么时候有你这样懂事就好了。"这一年的11月30日，欢欢"蓦然间，发现爸爸老了，真的老了，而且从来没有这样苍老过。他头上的银发已由一丝一丝变成一片一片了，而他额上，眼角的皱纹，也加深了，变成了一道道。我还以为爸爸很年轻呢，可这次回来……爸爸的憔悴着实令我吃了一惊，难道这就是我心中那一贯精力旺盛、身体最棒的爸爸吗？是因为爸爸喝酒吗？是因为岁月无情吗？不是，是因为爸爸操心劳累啊！为了供哥哥，又为了供我，他和妈妈节衣缩食，自己的衣服鞋帽之类，总舍不得买，连吃得（的）也凑合，爸爸妈妈啊，叫我如何来报答你们啊！我不忍再看爸爸的银发和皱纹，把脸转到一边去，泪却又充满了眼眶……"过了十多年的今天，我才第一次读到这一篇日记，心里为欢欢细腻的观察和对父母深厚的情谊所感动，15岁的孩子这样懂事，我们做家长的即使再劳累，再吃苦，也甘之如饴。

我经常给亲朋好友讲，重要的不是两个孩子考上清华大学，而是他们体谅到父母的辛劳、汗水和思想。2001年7月，小海去美国，在上海国际机场对我说："爸爸，你要注意自己的身体，少在外面代课，少劳累，你真有个病，需要钱的时候，我还能不管你吗？"欢欢多次跟我说："老花你们的钱，我都不好意思了。"我总是安慰她："你现在正上学，花我们的钱是应该的。"欢欢有时候还说："你们挣钱的还没有坐过飞机，我不挣钱都坐过好几次飞机了。"我说："我和你妈主要有免票，坐火车不要钱，如果再花钱乘飞机，总感到心理上不平衡。等到我们没有免票了，也一定坐一次飞机。"哄得欢欢挺高兴的。我每次到北京看她，不管能不能报销，她都动员我住标准间，住得舒服一些。只要口袋里有钱，两个孩子从来不主动找我们要钱，上学时，我经常在电话里问欢欢需不需要钱，欢欢总是回答还有钱，不需要。2003年暑假，欢欢决定和她的几个同学一起去青岛玩，我很高兴，主动说："我想给欢欢的旅游赞助1000元钱，不知道可以不可以？"欢欢高兴地一再说："谢谢爸爸！谢谢爸爸！"我接着说："你从小在奶奶跟前长大的，你奶奶不管到哪儿，都是抢着掏钱，这次和同学出去，你要学习你奶奶，只要有掏钱的地方，就抢着掏。"事后，欢欢向我报告，她倒是抢着掏了，但是她们实行AA制，同学又把钱还给她了。正因为他们在家里养成了孝敬父母的习惯，他们才能在学校尊敬老师、团结同学、热爱班集体，在社会上关心他人，有着一颗善良的心。

**(8) 维护同胞兄妹的情谊**

小海比欢欢大6岁，兄妹俩从小就互相关心，互相帮助、精诚团结，从来没有计较过给谁的钱多了，给谁的钱少了，为经济问题或其他事情发生矛盾，甚至争吵。兄妹俩的同胞情谊深厚。小海的日记记下了欢欢不到一岁的情况："我有个妹妹叫小欢欢，今年快一岁了，长得比较瘦，还很聪明。我们说臭臭，他（她）就往地下看，我们说画画，他（她）就往墙上指。可他（她）在我家最矮，年龄最小，他（她）高兴了就笑，肚子饿了就闹。我很喜欢他（她），今天抱一抱他（她），明天哄一哄他（她）。"（1982年9月30日）另一篇日记记载了欢欢过生日的情况，这天是个阴天，"今天是1982年10月28日，正好我妹妹一岁了，我妹妹会说打，我要说一声打，我妹妹就说打、打、打、打、打，我妹妹还会说哥哥、妈妈、爷爷、烫，还会自己推车子，嘴里还嘟嘟囔囔的。今天还是她的生日，我们在那吃饭，她还大喊大叫地，意思就是他（她）也要吃。还会跟我闹着玩，我藏在哪（儿），她找到哪（儿）。"小海喜欢妹妹，经常抱抱她，给她讲故事，有好吃的给欢欢留着。但有时也逗得欢欢直叫唤，看了电影《少林寺》，小海说："像欢欢这样的，我随便对付五六个。"然后装模作样地在欢欢身上轻轻打两下，气得欢欢大喊大叫："爸爸，你管不管哥哥。"我只好把小海吓唬一顿。

1993年，小海上了大学。欢欢在10月5日的日记中记载："今天，哥哥又来信了。信中写道：'让欢欢好好学习，等寒假回去的时候，我买书送给她……送给欢欢一张红叶卡，让她压在玻璃板下，算是我对她的鼓励吧，并祝她生日快乐！'我读到此处，心里有一种说不出的滋味，我仔细端详这张红叶卡：红红的枫，与一株很香的沙枣花交相辉映，我越来越觉得这张卡寄托着哥哥情谊之深厚，哥哥在大学紧张学习时，还不忘祝他妹妹一声'生日快乐'。我觉得如果不好好学习，怎能对得起哥哥这一番深厚之情？不是辜负了他对我的期望了吗？所以以后，我不仅要学好老师所教的功课，并要坚持不懈的（地）写日记。"在后来的信中，小海又特别关照欢欢要注意劳逸结合，注意锻炼身体。

小海考大学走了以后，欢欢才从奶奶家到我这边来，在这之前，见小海的机会比较少，哥哥在她心目中是可畏的，还偷偷地为有这样一个哥哥担心、害怕甚至沮丧过呢！但是，随着寒假、暑假的来来去去，他们的关系越来越融洽，哥哥爱护妹妹，妹妹尊重哥哥，小海逐渐成为欢欢学习的榜样。平时没事的时候，欢欢在家里翻翻小海小时候的相片，试着从这些黑白相间的图片中寻找哥哥成长的痕迹。相片很多，有认字的、吃东西的、做游戏的、打拳的，还有到各地旅游时照的。随着欢欢年龄的增长，每个假期回来，小海给他妹妹以讲故事或笑话的形式，阐述人生的哲理，处世交友的道理，告诉欢欢要宽容，要与人为善、与人合作。欢欢检讨了自己"为一支笔、一个本子和同学大吵大闹，仅为一件微不足道的小事，与朋友反目成仇，倘若老师或别人说我两句，我虽什么也不说，但却怀恨在心。……"后来她换了一种心态来对待这些琐事，体会到了宽容可以"使人心情愉快、性情开朗，不会为一点小事就大动干戈，使生活变得美好，人与人亲密，让人们活得快乐，活得潇洒。所以，我从内心喊出了——没有宽容，这还叫世界吗？"

小海还以自己的体会给欢欢讲学习方法和做人的原则。在这方面，小海比我有着很大的优势，我和欢欢年龄差距大，相差34岁多，而且空洞的说教和原则性的词句比较多，适合于欢欢这个年龄的思想工作比较少，小海正好弥补了我的缺陷和不足。所以，有时候我给欢欢提出的一些想法和目标不能使欢欢接受的时候，就让小海做他妹妹的工作。例如，我给孩子设计的目标是："清华大学——硕士研究生——出国留学，到美国攻读博士学位"。考上清华大学以后，欢欢给我来了一封信，不愿意出国，我再三做工作，收效甚微，我又不能越俎代庖，在这种情况下，决定求助于小海，并动员了我的亲戚朋友以及一切可以动员的力量，终于在小海2003年年底从美国回来探亲期间，欢欢答应了。欢欢的特点是只要确定了目标，就会努力去实现它。小海多次从美国打电话说："欢欢没问题。"2005年，欢欢通过了托福和GRE考试。2006年，硕士研究生毕业。7月24日，由北京飞往纽约，先去康奈尔大学她哥那儿待上一个星期，然后去普渡大学攻读博士学位，并获得全额奖学金。

每当欢欢遇到困难的时候，就会想到她的哥哥，她为有这样一个优秀的哥哥而自豪。上高中后的第一个期中考试成绩不理想，欢欢打电话给她哥，小海问她："你现在学习感觉怎么样?"欢欢说："很累，但比刚开学时感觉好一些了。"小海鼓励她："没关系，哥哥相信你。"这时的欢欢觉得哥哥是世界上最温柔的人了："一股暖流顿时流遍全身，我激动地对他说：'哥，你放心吧，我会尽全力的，虽然我不一定是最好的，但我相信我会做得更好！'我似乎看到了哥哥欣慰的笑，哥哥，请相信我，妹妹会努力实现诺言的！"小海经常对我说："只要欢欢尽力了就行，不要因为学习成绩不理想，过多地责备她。"尤其在欢欢上了高三以后，小海多次打电话给我，不要给欢欢增加思想负担，要减轻她的压力，不要提出过高的要求，"只要她努力就行了。"兄妹俩在成长的道路上互相鼓励，互相关心。欢欢以她哥作为学习的榜样，她哥的奋斗目标就是她的奋斗目标，她哥能考上清华大学，她也能考上清华大学；她哥当初说"一定要考上清华大学，不行再复读一年"。欢欢也说"非清华大学不上，宁可复读"。连说的话都差不多。小海相信他的妹妹，经常给我说："爸爸，你要相信欢欢，只要她努力，没有达不到的目标。"兄妹俩都牢牢记住了对方的生日，哥哥过生日，妹妹通过电话或其他方式表示祝贺，妹妹过生日，哥哥总要给妹妹寄点小礼物，或是一本书，或是一盘磁带，有时是歌曲，有时是英语。礼物虽小，却表达了兄妹俩的同胞情谊。这个习惯一直持续到现在。

逢年过节，兄妹俩互寄贺卡，或打电话，互致问候。1997年元旦，小海从清华大学给他妹妹寄了一份贺卡，鼓励她："十六岁的年龄是花一样的季节，人生的画卷刚刚打开，迎接你的将是美好的未来和锦绣的前程。希望你新的一年里，努力上进，充实自己，上进不仅仅指在知识上，在品德上更要严格要求自己。记住，人需要明亮的眼睛，更需要明亮的心。"

### （9）尊敬老师——吾爱吾师，吾更爱真理

"古之学者必有师"，任何一个人都不是"生而知之者"，在他获得知识的过程中，都曾经有过老师。在孩子成长的道路上，老师的影响是巨大的，有时甚至起决定性的作用。人们赞誉老师是"手持金钥匙的人"，因为他们可以打开孩子心灵中的智慧大门；人们称颂老师是"人类灵魂的工程师"，因为他们能够把孩子的生命雕塑得更辉煌。俗话说："一日为师，终身为父。"所以每个人都应该尊敬老师。

绝大部分老师都喜欢听话的、学习好的学生，我当然也不例外。电视连续剧《张学良》中有这么一个镜头，蒋介石被张学良、杨虎城扣留以后，宋子文、宋美龄决定去西安营救，戴笠不顾宋子文等人的反对，一定要去。在飞机上，曾经先后担任过蒋介石和张学良顾问的英籍澳大利亚人端纳问："蒋先生的学生这么多，为什么最喜欢戴笠？"宋子文回答了一句："哪个家长都喜欢听话的孩子。"作为家长，我喜欢听话的子女；作为老师，我喜欢听话的学生。美国是一个典型的民主国家，但是，有人问著名的五星特级上将乔治·马歇尔："你用人的标准是什么？"马歇尔将军简洁地回答："奴才加人才。"请注意，马歇尔将军是把"奴才"放在"人才"的前面。还是这位马歇尔将军说，对一位上级军官说他的行动是错误的，这需要一种浩然之气，这是"拿自己的职位在冒险"。

由于职业的原因，从孩子开始上学，我就特别教育他们要尊敬

老师。我到铁二中当老师的时候，正是"教育革命"进行得"如火如荼"的时候，当时在极"左"思潮的煽动下，学生给老师贴大字报，批判"师道尊严"、揭发老师的所谓"资产阶级教育路线"。1975年底，又开始反击右倾翻案风，对本来就是非颠倒、风雨飘摇的教育界来说，无疑是雪上加霜。不过，我刚加入教师队伍，又是从工厂调过来的，还算不错，没有受到冲击。但是，在这种大气候下，学生和整个社会对老师的态度可想而知了。人家看不起老师，我们自己不能再看不起自己了。我要求孩子见了老师，不论你与他的关系怎样，印象如何，必须首先打招呼。我以为对老师有意见是可以的，无论在学生管理或传授知识方面，都应该提出来。但是要注意方式方法，尊重老师，不要引起老师的反感。

1987年，小海上了铁二中，我给小海讲："你在铁二中一定要尊敬老师，有问题可以提，但是只要和老师发生冲突，首先是你不对，然后我再问原因。"小海上初中阶段，有一次期末考试，小海和一位监考老师为座位的安排问题，争执了几句。我知道后，责令小海向这位老师赔礼道歉，承认错误。在高中学习阶段，化学教师业务能力比较强，与学生的关系比较好，深受学生的尊敬。在小海上高二那年，她提前退休回上海，他们班的学生为她举行了隆重的欢送会，我正好教这个年级，学生也邀请我参加了。欢送会上学生唱了《爱的奉献》这首歌，学生和这位老师都哭了，炽热、真诚的气氛感染了每一个人，一直到今天，我还有深刻的印象。小海每次去上海，都要去这位老师那儿看看。现在，小海已经离开西站十几年了，回来后，只要见了教过他的小学和中学的老师，就赶快迎上去首先打招呼。

我们女儿从小学一年级开始，十几年一直是在鲜花和掌声中成长的。可以说，在上高中以前，她尊敬老师，老师喜欢她。欢欢从小就懂事，奶奶经常夸奖她，说她写作业，从来不用督促；晚上到时间就自己洗脚、睡觉；早上按时起床，不要别人叫，她起来后，挨个儿把几个表姐、表哥叫起来上学。教她的小学老师见了我，没有一个不夸她的。铁九小有一位老师说："像欢欢这样的学生，一个班即使有二百个也不多。"一、二年级的欢欢，最听老师的话，在她的心目中，老师的话就是"圣旨"。有一件事，给我的印象最深刻，那是欢欢上一年级，我俩一块儿出去，过马路的时候，她拉住我，不让我走，说："我们老师说了，过马路要一停二看三通过。"其实当时马路上人很少，更见不到汽车的踪影。初中是在铁二中上的，教过她的老师对欢欢也是赞不绝口，有一次，在火车上，几位教过她的老师给我说："我们再教不上像欢欢这样的好学生了。"小海、欢欢多次作为学生代表在大会上发言，每次发言的开头都把老师放在领导前面："尊敬的老师们，尊敬的领导。"1999年8月，在给欢欢送清华大学录取通知书的时候，随行的新疆教育电视台的记者采访了欢欢，让她谈谈感想，她说："我接到了清华大学的录取通知书，此刻我的心情特别激动，我现在最怀念的是教育过我的铁九小、铁二中和实验中学的老师们。"上了清华大学的第一个教师节，她给教过的每个中学老师，包括铁二中的老师还寄了贺卡，遗憾的是，大部分老师都没有给她回贺卡。

在所有教过她的老师中，她最喜欢初三教她语文的王老师。王老师原来教过历史，与我同在一个教研组。后来上大学学的是中文专业，当了语文教师，一直教高中。1995～1996年度，她到初三加强语文教学，正好教了欢欢，两人成了好朋友。她称欢欢"小朋友"，欢欢有时称她"大朋友"，有时称她"王姨"。欢欢的日记不让我看，但让她看，一些不让我知道的秘密，可以告诉王老师。欢欢上了实验中学，仍然让王老师给她批改作文和日记。欢欢上了清华大学，逢年过节，还多次给王老师寄贺卡。其中有一份祝贺教师节的贺卡先引用了唐朝诗人李商隐的诗句"春蚕到死丝方尽，蜡炬成灰泪始干"来赞扬王老师对工作的态度。然后写道："我想对您说的话太多太多，一生难得遇到几个像您这样的好老师，我感到庆幸，因为我成为您的学生；而又感到遗憾，因为我们相处的时间太短了，不过，请您放心，即使我走到天涯海角，我都不会忘记您，您是我永远的老师。"在另一份贺卡中，欢欢是这样写的："在我十一年的中小学生涯（欢欢在小学跳过一级）中，我把您永远放在第一位。"

王老师的儿子受欢欢的影响，小学也跳了一级，初中毕业后也考上实验中学理科实验班。这时欢欢刚考上清华大学，对他说："不要以为考上了理科实验班就等于一只脚跨进了大学校门，另一只脚究竟能不能跨出去，还是再缩回来，这可要看你这三年的努力了。"小海说："这只是第一步，好的开头并不等于好的将来，努力吧！"王老师的儿子经过努力，获得奥林匹克物理竞赛新疆赛区一等奖，2002年被保送到南开大学。

小海和欢欢都是有个性的，不是那种"人云亦云"的孩子，他们的口头禅就是古希腊学者亚里士多德的名言："吾爱吾师，吾更爱真理。"我认为尊敬老师，不等于盲目服从老师，我支持他们的这种态度。在初三上学期，期末数学考试，一位老师说小海一道题错了，他认为自己是对的，一直坚持，结果小海的答案是正确的。在高一，有一次上公开课，当时还有乌鲁木齐市教委的领导听课，他认为老师有道例题讲错了，当时举手纠正，那位任课老师有点不高兴。事情过去几年以后，这位领导与我聊天，说到这件事的时候说："那节课我印象很深刻，那位老师度量小了点。"在高中，对于老师讲错的题，做错的事，小海有时在课堂上当着全班同学，或在办公室当着许多教师给老师指出来。有些素质高的老师能够虚怀若谷，欢迎学生的批评，但也有个别老师很不高兴，因为不是所有的老师都具有"子路人告之以有过则喜"的雅量，这样就有可能影响师生关系。后来这位老师给他写的毕业鉴定中就"希望"小海"加强组织纪律性"。作为一位教师，我明白维护老师威信的重要性；作为家长，当然要注意保护自己孩子的积极性，甚至为孩子能够提出问题、敢于提出问题的精神而高兴。经过慎重考虑，我肯定孩子提出问题是对的，教学方面的不同意见可以争论，但是要注意方式方法，一定要在尊重老师的前提下：第一，不要在教室、办公室等公开场合谈，可以在私下里谈，范围越小越好；第二，在老师能够接受的限度内谈自己的看法，如果双方不能统一认识，可以各自保留自己的意见。我给他讲，很多历史问题，史学界争论了几十年，都没有统一观点。有些在政治压力下统一了的观点，随着个人崇拜时代的结束，又开始了新的争论，何况一个学习上的小问题呢。

欢欢从小很听话，我经常开玩笑说她是"小绵羊"。其实，欢欢挺有主见的。小学一、二年级，有位老师的孩子与欢欢一个班。有一天，她告诉我："我们老师的孩子这次没有考好，他妈让他站在前面，还打他，我把头低着，不敢看。太可怜了。"上了中学，哪个老师体罚学生，甚至打骂学生了，哪个老师用一些尖刻的语言批评他们班，刺伤学生的自尊心了，甚至有些老师有损教师形象的言行，她都告诉我，有时还会明确地加上一句："我认为老师这样做并不对。"在日记里她多次发表对班上发生的一些事情的看法。欢欢对老师有意见，一般是回来后与我探讨，表示自己的看法，或者写到日记里。

1996年12月18日，实验中学举行一年一度的长跑比赛，他们班的李梅同学跑在一个女生的前面，在离终点六七十米的地方，突然有一个男生抓起那个女生的手，把她带跑到终点，那个女生超过了李梅。当时，在场的体育老师熟视无睹，没有处理这种作弊行为，据说这位女生是一位体育老师的女儿。欢欢感慨地说："原来实验中学也不是一个严格的学校。""大家都很气愤，但一想官官相护的道理，义愤填膺却又无可奈何。原来这儿也有不正之风。"老师是学生的榜样，老师的一言一行，都给学生起着潜移默化的作用。很多教育家强调教师要有师德，是有道理的，要不怎么"为人师表"呢！

1998年3月7日是个星期六，晚上8点半，欢欢回来了，说要交住宿费，我给她100元。我告诉她，昨晚班主任来电话约我去谈谈，是不是你调皮了。欢欢劝我不要去，后来又说她不管。过了几天，我去了一趟，适逢库尔邦节，班主任与学校领导给少数民族教师拜年去了。以后通了电话，班主任表扬了欢欢，说她聪明，学习好，但是喜欢和男同学接触，有时还单独和男同学在一起。班主任特别强调她有主见，有个性，对老师的话不能言听计从。致命的弱点在后面，我估计这可能是导致她8个月以后自习课被罚站的主要原因。高中毕业后，欢欢在和我的谈话中，对她的高中老师总结了三条意见：①重男轻女；②只抓学习，尤其是只抓数学学习，没有领着她们好好玩；③处理事情不能一视同仁。

# 4．从小培养孩子的学习能力

古人有云："至乐莫如读书，至要莫过教子。"美国人珍妮特·沃斯和新西兰人戈登·德莱顿写了一本书《学习的革命》，其中有一句话说得好："掉队的学生并非在十六岁才掉队的，他们六岁时就掉队了。"这就是强调孩子要从小教育。从小教育是指各方面的教育，包括道德品质的培养，使孩子从小就受到良好的教育，逐渐具备优秀的品德和教养。当然花时间最多的还是在智力培养方面，也就是学习方面。

学习是一辈子的事，因此在学习方面，不仅要教孩子认字、写字、学英语，帮助他们解题，督促他们做作业，而最重要的是要培养孩子的学习兴趣和自学能力，帮助孩子从小养成良好的学习习惯，即学习的自觉性和适合自己的、行之有效的学习方法。这是他们获取新知识最基本、最重要的能力，既是攀登知识高峰的阶梯，也是终身受益的法宝。这不仅能使他们在以后的学习中省劲，也可以让家长少操许多心。经常有家长对我说："你是老师，可以辅导孩子学习，我们就没有这个能力。"我告诉他们，隔行如隔山，我从来不帮助孩子解题，不进行具体辅导。偶尔我的兴致来了，解上一道数学题，孩子还嫌我的解题方法啰嗦。

　　几乎所有的家长都很关心孩子学习说话，孩子还在怀抱的时候，他们热情地鼓励孩子："叫爸—爸，妈—妈。"当孩子喊出第一声"爸爸""妈妈"的时候，年轻的家长肯定非常兴奋，也非常激动，抱住孩子亲啊，亲啊！进一步的教育呢，就不是所有的家长都关心的了。似乎教孩子学会说话，他们的任务就完成了，以后的事就"顺其自然""听其自由发展"了。等到孩子长大了，上了小学或中学，发现小孩不爱学习，经常不完成作业，学习成绩逐渐下降，才意识到自己的责任。这时再来抓孩子的学习，就不是那么容易的了，有时即使付出了很多的精力和代价，而效果并不显著，因为学习的好习惯没有养成，而不爱学习的坏毛病却沾染了不少。由于我的孩子当时没有条件上幼儿园，因此我对孩子的教育更加重视。我对孩子在学习上的教育是分为两个方面的，第一是智力培养，第二是帮助孩子从小树立一个在学习上奋斗的目标。

## （1）学习成绩不要和奖惩挂钩

　　从小海7岁学习英语开始，在长达十几年教育孩子的时间里，我一直努力做到学习成绩和奖惩不挂钩。我让孩子认识到，学习是为了获得知识，而不是为了奖品和几角钱。如果成绩不理想，当然要督促、做工作，但决不惩罚，尤其不能体罚。如果孩子把学习与惩罚，尤其是体罚联系在一起，会使孩子对学习失去兴趣，因而成绩也是不会太好的。我们经常讲："为中华崛起而读书""为祖国学习""为人民学习"，这些无疑都是对的。但是如何把这些大道理化为孩子自身的努力，避免空洞的说教，这是很重要的。我经常给孩子讲，在我们国家，一切工作都是光荣的，没有高低贵贱之分，但是有贡献大小的不同。一般来说，一位普通的工人、农民的贡献是不能和一位科学家的贡献相比的。你要想对国家和人类作出更大的贡献，必须好好学习，掌握更多的科学文化知识。如果能够考上北京大学、清华大学等名牌大学，就可以为你掌握更多的科学文化知识以及进一步发展提供一个好的环境和条件。

我经常给孩子强调我只是一名中学教师，既无权，又无钱，也没有什么社会关系，将来的路，靠你自己走。路走对了，当然对人民的贡献就大，人民给你的报酬相应的也会多。我让孩子把学习的目光看得远大一些。学习和奖励挂钩，容易养成孩子唯利是图的习惯，有钱就干，没有钱就不干。我和两个孩子的看法是一致的：经济是基础，钱是很重要的，我们应该重视金钱，而不迷信金钱；做金钱的主人，不能做金钱的奴隶。同时，要看到金钱不是惟一的、至高无上的东西，在这个世界上，还有比金钱更重要的，那就是一个人的人格和道德品质。

1983年2月2日小海的日记记载："今天我让我爸爸给我听写英语

字母，一共听写了5个英语字母，有一个字母我不会，最后又把那一个英语字母想起来了。最后我爸爸又把以前学的21个英语字母全都听写了一遍。我把26个英语字母都听写上来了，我向我爸爸要1角钱，我爸爸还不给我。我要了好一会儿，我爸爸才把1角钱给我的。"对于孩子合理的要求，就办，即使不学习英语，孩子要1角钱买根冰棍，这个要求并不过分。后来孩子上中学了，学英语需要录音机，没有等他们开口，我就把录音机买回来了。儿子上高中以后，说他期末考试争取考到年级第一名，条件是给他买个转椅。我以为这是个合理的要求，买个转椅对学习有好处，就答应了，而且没有等到期末考试就买回来了。对于孩子不合理的要求，就不办，女儿从7岁上学，每年都评上三好学生，小学、中学参加学科竞赛，经常获奖，荣誉证书一大堆，从来没有奖励过。9岁那年，要买一条裙子，我母亲说欢欢没有一条新裙子，这次奖励奖励。我和女儿一起去市场。她看中了一条红裙子，我觉得不好看，想再看看其它的裙子，这时，欢欢说了一句："我就要这条裙子，我买定了。"我很生气，说："就冲着你这句话，就不能买这条裙子。"我认为不能养成孩子任性的习惯，想干什么就干什么。裙子没有买，我母亲把我批评了几句。后来我在一本杂志上看到马卡连柯的一段话："假如你的孩子，仅仅受到实现自己愿望的训练，而没有受到放弃和克制自己某种愿望的训练，他是不会有巨大意志的。没有制动器就不会有汽车。"

在学习成绩方面，我赞成排名次，来鼓励孩子的进取心，努力考个好成绩。但是，孩子成绩考得不理想，例如，期中、期末考试排名次，没有排上第一名，甚至没有排上前10名；参加竞赛，没有取上名次等等，我只是问问原因，鼓励鼓励，只要孩子努力了就行，不必过多地责怪，给孩子一个宽松的学习环境，尽量不在学习上给孩子增加思想负担。

1999年欢欢参加高考，我鼓励她夺取自治区的理科状元，3月份乌鲁木齐市举行第一次高考模拟考试，欢欢以618分获得实验中学理科第一名，乌市第四名。正在发起冲刺的关键时刻，欢欢说头疼，我很着急，但急在心里，不能给她增加思想负担，不断地安慰她，让她好好休息。"文武之道，一张一弛"，弦绷得太紧是要断的。在4月份举行的乌鲁木齐市第二次高考模拟考试中，欢欢还是考了618分，但已经退到乌市第18名。孩子心里很难过，我不断地安慰她，说些宽心的话，"胜败乃兵家常事，没有常胜将军""我不希望我的女儿清华考上了，身体却垮下来了。"欢欢说："其实我爸爸现在心里最着急了。"同时，别人又推荐我给她买金蓝鲨和红桃K吃。当时，红桃K组织抓奖，她妈去替她抓，运气还不错，连续三次都抓上了。9月份，这时欢欢已经考上清华大学，到北京上学去了。红桃K又邀请我们去新疆电视台参加由他们与电视台联合举办的健康文艺演出，继续抓奖。并邀请我与一位维族女同志抓三等奖，回答记者的提问。抓二等奖的时候，我的心动了一下，我对坐在旁边的老伴说："可能是欢欢。"果然就是！我记得是电视台一位副台长从箱子里把获奖的纸条拿上来的，当场念的姓名和身份证号码。

7月7日～9日高考，8月初公布成绩，欢欢考了608分（自治区理科排名第40名），她感到不太理想。我在长沙打电话安慰她："没关系，你已经尽力了。"高考前，她哥几次打来电话，强调不要增加欢欢的思想负担，不管考多少分，只要努力了就行了。

## （2）培养学习兴趣，树立学习上的自信心

有人把古人的对联改了一下："学海无涯乐作舟，书山有路趣为径。"主要是说学习应该是轻松愉快的，兴趣是学习最重要的动力。应该从小培养孩子对学习的兴趣，使孩子热爱学习，迷恋学习，从而保持旺盛持久的热情，在轻松、愉快的情绪中学习，并且从学习上的进步或成功中获得满足和快慰。

古人说："至乐莫如读书。"而被迫学习的孩子体会不到学习的快乐，对学习没有兴趣，把学习当作沉重的负担；甚至对学习产生厌恶的心理，认为学习是最苦、最累的事情，无心上学、不想听课、不想做作业。而年级愈高，内容愈深愈难，学生的学习当然愈来愈困难。正如登山比赛，在山脚下赛跑者之间的差距是很小的，越往上攀登，差距就会愈来愈大，落伍学生的厌学情绪也愈来愈严重，从而形成恶性循环。有的学生把这样的学习生活比作"囚徒"生活，把学校比作监狱，在这种情况下，孩子的学习就不会有好的效果。学习无疑是一件艰苦的事情，而且在漫长的过程中，会越来越艰巨。只有孩子对学习有兴趣，才能化"苦"为乐，乐在其中，在"苦"中磨砺意志，一步一步地前进，一步一步地攀登，取得显著的进步。因此，家

长应该把培养孩子的学习兴趣、教会孩子的学习方法，看得比学习成绩、教一些具体的知识更为重要，也就是我们经常说的"授之鱼不如授之渔"。

如何培养孩子学习的兴趣呢？这是经常有人问我的问题。我想，第一，我在前面说过，学习不能和奖惩挂钩，因为有奖励，必然就有惩罚，不能让孩子从小就把学习和奖惩联系在一起。第二，应该让孩子有兴趣地学习，不要一说学习就是看教材、背课文、做作业，学习的途径是多种多样的，不能让孩子从小把学习和枯燥无味联系在一起。第三，我们要让孩子树立起学习的自信心，让孩子总是觉得"我行"。对于孩子的学习，应该以鼓励为主，不能让孩子把学习和失败总是联系在一起。第四，不要威胁孩子，你没有达到什么目标，将会怎样怎样，编造出一些可怕的前景，也就是不能让孩子把学习和黑暗联系在一起。这里，尤其是要树立孩子学习的自信心。有人形象地说，孩子是从大人的嘴里长起来的。你说他行他就行，你说他不行，他可能就一辈子意志消沉，无所事事。所以父母能否用信心对待孩子，也决定了孩子在学习的过程中是否用信心对待自己。在提高学习兴趣的基础上，我相信孩子愿意学习，能够学习好，鼓励孩子在学习的道路上一步步地攀登，不断前进。

欢欢从小就奋力拼搏，有种不服输的劲头。初三的下学期，有一天，她看见报纸上登载的"首届全国初中生数学公开赛初三试题"，决定参加，这些题的难度大，但是欢欢决心要攻下这些难题："我想我可以行，我一定能行！这不是一种自傲，这是一种自励！""挑灯夜战，你将会看见2单元6号（我们当时的住房号）的房子的窗户上，由台灯的柔和的灯光，映出一个永不服输的身影……"（1996年4月22日）欢欢从多年考试中总结经验："以充满压力的心情去考试，不如以充满信心的心情去考试。在从初二到初三的几次考试中，屡试不爽，取得了较好的成绩。我在考试时充满信心！"她举了一个例子，初一年级上学期期中考试排到年级第10名，没有达到老师的要求，老师们见了她直摇头叹气，欢欢心理压力很大，思想负担很重，结果期末考试被排除在前10名之外。成绩单拿回来后，尽管心里着急，但我并没有责怪她，而是鼓励她放下包袱，轻装上阵，不要有什么负担。到初一下学期期中考试，她跃居年级第四名。初三年级，从中考第一次模拟考试到正式考试，她总是稳居年级第一名。

我给小海和欢欢讲过，学习要有韧劲，就好像长跑一样，那个一开始就冲在第一名的运动员，不一定是冠军。真正善于长跑的运动员都留有后劲，他们盯着第一名，到关键时刻冲上去，夺取最后的胜利。我教育小海和欢欢立足于中考和高考，不要过多地考虑平时考试，包括期中考试和期末考试的成绩和名次。

欢欢以第7名考入实验中学理科实验班，而中考成绩在班上排第13名，第一学期的学习还是有很大压力的，有时候，她也怀疑自己："我能不能跟上？"首先是老师把时间抓得紧，军训期间，每天发一份试题，必须做完。军训结束，没有让学生回家，而是讲解试题，上午讲了两张，下午讲了四张。有时候，作业一多，加班加点到晚上

12点才完成，她自己也感到进实验班的第一学期学得很被动。其次，成绩呈下降趋势，不像在铁二中总是稳居前几名。第一次数学考试，就有两道题没有做，卷子发下来，得了74分，她的同桌得了88分。第一次作文课，没有构思好，写了一半，撕掉重写，以至老师让交的时候，只写了三分之二，结果得了71分。他们语文老师发作文时强调，85分才是好的，80分是刚过关，而70来分只是"照顾一下面子而已"。本来的强项成了弱点，作文的速度明显地慢了。接着，在语文竞赛中，她名落孙山，仅以一分之差落选……以至于她给各科老师写了一封信，请"老师们不要以为我们个个是神童，我们也是十五六岁的孩子，稚嫩的肩头上还不能担起太重的担子，我们所受的压力实在太多（大）了。而我们既然为了一个共同的理想走到一起来了，我们就会自觉地拼搏，努力地奋斗！我说这么多，无非是想请老师们在把我们不当普通学生看待的同时，再当普通学生看待。"

我告诉欢欢，"实验班是从全疆一千多名学生中选拔出来的，学校和老师对你们的期望值比较大，当然对你们抓得紧，你应该调整自己的学习方法和学习习惯，尽快适应新的学习环境。"欢欢没有被困难压倒，健康的心理使她能很快调整自己，正确对待并适应这个重大的转折。她自己也下了决心，去迎接新的挑战："既然成为一名实验中学的学生，就应该为自己的理想而拼搏，现在不是说大话、空话的时候，我会拿行动来证实的。""我会再爬起来的，用我的心我的力再去拼！"她还注意寻找具体原因，如数学的解题技巧、作文的速度等，经过几个星期的努力，成绩总算由下降趋势开始扭转为上升趋势，基本上适应了实验班的学习、生活。在以后的学习中，当然又有反复，但是欢欢都能正确对待。

我很感谢实验中学办了这样一个实验班，学校为实验班配备了优秀的教师，尤其是班主任业务能力强，认真负责，为实验班呕心沥血地工作。这是全疆第一个理科实验班，实验中学领导决心要在这方面创造出成绩，积累一些经验，所以在选拔实验班学生时能够坚持原则，公而忘私，比如班主任的儿子与欢欢同级，因考试成绩不够而分到普通班了。

1999年9月9日，实验中学党委书记亲自到欢欢在初中学习的母校——铁二中送喜报，感谢铁二中的培养给实验中学输送了人才，同时邀请我作为家长代表参加实验中学教师节表彰大会。10日，在实验中学举行的教师节表彰和庆祝民汉合校四十周年大会上，我以"家长张惠民、学生张庆欢"的名义给实验中学赠送了一面锦旗，按照欢欢的意见，在锦旗上写下了："身在清华园，心系我母校"十个大字。并代表学生家长在大会上发言，我在发言中高度评价了实验中学在各方面，尤其在教学方面取得的成绩，同时也高度评价了各学科老师对理科实验班的贡献。"这些辛勤的园丁任劳任怨，不计报酬，用自己全部的辛劳、汗水和热血，拿出自己全部的学识和才能，培养了一批对国家、对人民有用的人才，他们在平凡的岗位上，作出了不平凡的业绩，他们无愧于'人类灵魂的工程师'的称号。"

需要强调的是，实验班是通过考试从全疆各地选拔上来的好学生，因而竞争性比较强，你追我赶、不甘落后、奋勇争先的风气很浓。这个班在学习方面没有固定的第一名，也没有得奖专业户。这使欢欢感触很深，成为她在学习上的重要推动力。欢欢在实验中学学习上进步很大，但是也学得很刻苦，每次回来都讲累死了，老师抓得很紧，她们每天都要学习到半夜一点多，宿舍的灯灭了，她们就在走廊的昏暗的灯光下继续学习。星期六回来很晚，有时候星期天下午还要补课，在家只能待一个晚上，第二天上午就要赶回学校。国庆节、五一节放假七天，只让休息两天，其余时间补课。欢欢说："在实验班，稍微疏忽就落后了。"确实，一个学生如果一直在年级总是第一名，并且比第二名遥遥领先，这样的学习环境对他没有任何危机感，当然也就没有一点竞争的动力，我想他的学习不会有很大进步的。

欢欢在高考前夕写了一篇文章，是关于《我的财富》的读后感，她说："一次一次的考试，我一次一次地冲击，竟发现失败后的我最坚强、最自信，成功的我却最脆弱、最失落。没有切肤之痛，就不会有顽强的拼搏；有了成功的虚荣，难免会放松自己，放松警惕。前面的路还长，可是若没有跌倒的苦痛，我很可能会平平坦坦地冲刺。"这是欢欢关于考试失败与成功的总结，也是她的不服输、不怕失败性格的真实写照。

一个孩子能够保持健康的学习心理，胜不骄、败不馁，就具备了获得成功的起码条件。欢欢在日记中记载了这样一件事："哥哥来信了。信一到，我就抢着要看，信中写道：'我进行了一次数学测验，估计算中等。因此要告诫欢欢强中更有强中手，决不能骄傲自满。'哥哥的话太对了，我一定不能骄傲，因为总是'骄傲使人落后，谦虚使人进步'。"（1995年9月26日）我的两个孩子在长期的学习过程中逐渐培养成跌倒了爬起来、失败了找原因，奋力拼搏、不达目的誓不罢休的品格，所以他们在艰难的学业攀登道路上取得了一个又一个的成功。当然，现在他们的成绩离成为一个对国家、对人类有用的人才还差得很远，还需要他们继续进行百折不挠的努力，付出更加艰巨的劳动。

丹尼斯·布拉格在《快乐天性至关重要》中强调："一个孩子可以有个很快乐的童年，而成年后却不快乐。事实上，童年完全没有尝过痛苦和挫折的人，长大后十有八九不快乐。"挫折是人生的组成部分，如何对待挫折，是一个人世界观和人生观的重要组成部分。有矛盾就会有挫折，我们要教育孩子正确地对待挫折和困难。

2004年11月18日《乌鲁木齐晚报》上登了一则消息："四川省遂宁县曹碑镇的农民子弟王豪今年7月从北京师范大学毕业后，4个月多处找工作不成，回到家中后，11月6日，选择了自杀。"王豪当年上中学时的母校校长认为，王豪从小一帆风顺，缺乏应付逆境的能力，这是悲剧产生的重要原因。有人提出应该对学生加强挫折教育，认为"在现行的学校教材中，只有初中阶段用很小的篇幅开设了《能够承受挫折》的课程。在高中和大学的教材中，再没有专门的挫折教育。由于学生的生活经历、阅读范围和人生追求不同，对待挫折的态度和承受能力也千差万别。……在高中和大学继续开设挫折课程，就可以使学生在对待挫折的问题上，从感性认识上升到理性认识，上升到哲学的高度。这样，学生就可以在思想上筑成一道'防护墙'，不至于一遇到问题就造成精神瘫痪。"正像有人指出的,现在的小孩不缺吃不缺穿,惟一缺少的是人生存和发展最重要的挫折锻炼。一个没有经历过失败和挫折考验的孩子,他的意志是脆弱的,在学习和人生的道路上是不堪一击的。

在高三上学期发生了一件出乎我意料之外的事情,也是欢欢上学以来没有发生过的事情。1998年11月12日晚上,欢欢给我打电话,说因为自习课换座位,坐到后边的空位子上,被班主任罚站两节课,加上课间休息的10分钟,共1小时40分钟,而且要站在前面讲台上。欢欢感到太难堪,眼睛都哭肿了。她不服气,其他同学换座位,班主任为什么不管?而且班主任事先并没有宣布换座位要罚站。父亲最心疼女儿了,我对她们班主任的这种做法理所当然地不以为然,作为教师,首先体罚学生就是错误的,也是教育部和各级教育行政部门三令五申禁止的;其次,处理学生应该一视同仁;第三,惩罚学生应该有章可循,不能带有随意性。但是我认为这是一次进行挫折教育的好机会,从欢欢的成长来讲,倒不一定是件坏事。欢欢一帆风顺地成长,从小学一年级开始,一直在鲜花和掌声中成长,没有经历过挫折和委屈,这样对她以后的发展不一定好。这件事对她是一次锻炼的机会,何况她也是有错误的,毕竟换了座位。同时必须处理好和班主任的关系。我当然很清楚班主任在高中毕业等关键时刻所起的作用,我把上述看法给女儿谈了谈,孩子接受了。高三毕业时,欢欢被评为自治区级的三好学生。我说:"班主任老师还是对你不错吧?"她说:"同学选的。"我说:"这事我可知道,如果班主任不同意,你还是当不上。"欢欢没有吭声。考上清华大学以后，每个假期回来，她都和其他同学一起去看看班主任。有一次，我去实验中学给家长们介绍教育孩子的经验，提到这件事，正好这位老师在场，送我上车的时候，这位老师解释了这件事。我说，你做得对，对孩子的成长有好处，作为学生，应该尊敬老师。一个孩子，不仅要经得起顺境、经得起表扬，更应该经得起逆境，经得起批评、挫折和委屈，才能健康地成长。以前经常说，要反对骄娇二气。其实，我希望我的孩子多受些磨难，多经受些挫折，因为磨难和挫折能够教育人，使孩子更加聪明，在人格上更加成熟，从而更深刻地认识社会和生活，在人生的道路上经得起大风大浪的考验。

我在40多年的教学生涯中，还有一条很重要的经验就是，做老师的最忌讳有偏见，有时一件事处理不好、一句话说得不合适，会给学生留下心灵上的创伤，一辈子耿耿于怀。我就遇到过一件事，我担任班主任的1993年高中毕业班高三（3）班是个慢班，其中有个学生考上了河北纺织工业学院，我们办公室一位老师一口咬定这个学生作弊了，说凭他的成绩怎么会考上大学呢？我让她拿出证据来，她又拿不出来，只是信口开河地说，这个学生个子高，高考时，他前面坐的考生是一位个子比较矮的优秀学生，他一挺胸就可以看见前面学生试卷上选择题的答案了。我问这位老师，你怎么不当场把他抓住呢？现在已经录取了，你这样说能起到什么作用呢？如果这位学生知道了，他怎样想呢？这位老师不吭声了。我经常听到有些老师对他们心目中的所谓差生考出好一点的成绩，不是看到他们的进步，肯定他们的成绩，给予鼓励、表扬，而是不负责任地随便怀疑他们是不是作弊了，严重地刺伤了学生的自尊心。这都是不懂教育学、心理学的表现。不信任学生只能把学生推向更加不让你信任的道路。现在强调"依法治国"，有一句最流行的话"以法律为准绳，以事实为依据"，我们说话、下结论，起码的一条是要重证据，有时我很不客气地顶他们一句："没有抓住学生作弊的证据，不要胡猜疑。"

## （3）鼓励孩子的创新精神

"创新是一个民族进步的灵魂，是一个国家兴旺发达的不竭动力。"没有创新，就没有人类文明的发展和历史的进步；一个民族，一个国家，没有创新，就要落后，甚至灭亡；一个人没有创新，不可能成为杰出的人才，不可能对国家、对人类作出杰出的贡献。美国科学史权威萨尔顿说："科学总是革命和非正统的；这是它的本性；只有科学在睡大觉时才不如此。"中国近代史上，一些有见识的教育家和革命家，如蔡元培、鲁迅、陶行之、邹容等人都提出培养学生自主、自立、自由的人格、个性、才能的思想，鼓励学生的创新精神和理性思维。而创新教育是以培养人的创新精神、创新能力、创新个性品质为基本价值取向的教育。它不仅是教育教学方法的改革或者教育内容的增减，而且是教育功能的重新定位，是带有全局性、结构性的教育革新和教育发展的价值追求，是新时代背景下教育发展的方向，使学生具有自主学习、独立思考、勇于实践、善于创造的现代素质。

新中国成立以后，在"教育要为无产阶级政治服务"方针的指导下，强调"做党的驯服工具""一切服从毛主席，一切服从革命需要，一切服从组织分配""理解的要执行，不理解的也要执行"。这种"驯服"教育就是要求孩子在家服从家长，在学校服从老师，工作后在单位服从领导。这种教育在今天仍然有着深刻的影响，尤其在学校教育方面。就好像我当初认为只有外公和外婆是完美的一样，在小海和欢欢的眼中，只有奶奶是完美的。他们对我并不是百分之百地服从，在欢欢的日记里，与我因为学习或其他问题发生争执的记载就有七八处之多，尤其对我管教他们的有些方法，很不以为然。现在看起来，在这些争执和冲突中，不能说孩子都是正确的，但是，我也是有不少失误的地方，特别是在有些问题上，总是想利用家长的权威压制孩子的不同意见。小海和欢欢上了大学以后，都曾经给我写过信，认为我在有些事情的处理上简单粗暴、专制独裁，发扬民主不够。我系统地反思了20多年教育孩子的过程，感到信中有些意见是对的，有些意见是没有沟通而造成的。作为家长，对于孩子的不同意见，我们应该耐心地听完，正确的意见给予肯定，错误的意见给予中肯的、合情合理的批评。在这方面，我做得是不够的。

随着年龄的增加，孩子与我发生争执的事情越来越多。在我的记忆里，与欢欢首次激烈的冲突是关于"崇拜偶像"的问题。由于少数"三星"，即歌星、影星、体育明星偷税漏税、违法乱纪、横冲直撞、不讲信誉、目中无人、不知自忌等，我对所谓"三星"是比较厌恶的。我希望孩子崇拜那些为人类作出贡献的科学家，即"科星"，如哥白尼、伽利略、牛顿、居里夫人、爱因斯坦等。欢欢受她哥的影响，不崇拜所谓的"三星"，也不崇拜任何人，对于上述科学家，认为他们伟大，值得学习，但也没有必要抛开理性，盲目地崇拜某个人。她举了雷锋、赖宁式的好少年，是学习的榜样，也不应该崇拜。周总理是她崇敬的伟大领袖，但仍是不"拜"。对于所有比她强的人，都只"崇敬"而不"拜"。我批评了她。不过，现在看来，我们俩没有实质性的分歧，我们不应该"崇拜"任何人，对于那些为国家和人类作出贡献的人们，我们要尊敬、学习，而不是拜倒在他们的脚下。马克思曾经说过："伟人们之所以看起来伟大，只是因为我们在跪着。站起来吧！"

创新教育不仅需要教师创造性地教，还要教会学生创造性地学。必须鼓励学生在教学中发现和提出问题。因为善于发现问题、提出问题，渴望解决问题，是创新意识的萌芽。

欢欢在初一语文课上学习了汉字的"六书"中的"形声字"，产生了疑问："为什么'海'字用'每'作声旁，而不用'美'？为什么'江'用'工'而不用'公'？为什么'湖'用'胡'而不用'壶'？为什么……唉，这些问题可能连老一辈的人都不能回答，我们怎么会解答呢？恐怕只有去问我们的造字祖先了！不过，我希望我们这一代人以后能为我解开这些疑问。"（1993年9月6日日记）她在初三的日记中发表了对《复活》《鲁滨逊漂流记》以及《红楼梦》中林黛玉、薛宝钗等人的评论。她认为鲁滨逊"首先是一个敢于开拓新生活的人。他出身于一个中产阶级家庭，却毅然放弃了'悠然自适过一辈子'的生活目标，1651年，踏上了去伦敦的船只，开始了他的流浪历程。""其次，他是一个勇敢的人。他独自'漂'到荒岛上，没有绝望，而是勇敢地在这个荒岛上开拓他的新天地，渡过了二十八年两个月十九天。""还有，我觉得他还是一个善良的人，当他目睹了那群野人野蛮地吃人而剩下的人肉、人骨、人血时，他是多么地难过，而且怒火中烧，要杀了那帮吃人魔，他还从野人的口中救下了星期五、老船长等一班人。""最后，他是一个知恩图报的人。他对有恩于他的人，尽最大的力量给予帮助，比如老船长、替他保管钱财的寡妇。"尽管这些观点不全面，也不一定正确，但是能够谈出来，就应该鼓励。

　　欢欢在初中写的日记里记载了"很有创造性见解的"两件事情。一件是对《曹刿论战》中鲁庄公的评价，一般都是褒扬曹刿而贬低鲁庄公，欢欢则认为不仅应该赞扬曹刿还应该表扬鲁庄公，认为鲁庄公是一个仁君，而且比较虚心，能采纳臣下的意见。假如鲁庄公是一个暴君，嫉贤妒能，哪里还有长勺之战的胜利？长勺之战的胜利与鲁庄公能够礼贤下士、任用人才有一定的关系。战争取得胜利后，"公问其故"，说明鲁庄公"不耻下问"，不懂就问，很谦虚。她认为只肯定曹刿，而不指出鲁庄公的作用是不全面的。另一件事是对《新疆日报》题词的看法，四个字错了三个，为什么不改过来呢？老师说是一位伟人写的，欢欢认为为什么伟人写的错字就不改呢？能让这样的错字影响后人吗？鲁迅的诗句"俯首甘为孺子牛"历来为人们赞颂。欢欢在学习了以后，却从另一个角度提出自己的看法："我不做牛，我不会做一头总是面朝黄土背朝天的牛，丝毫不动脑筋，从未想过要改变什么，改变这种枯燥无味的生活，改变一下生活的方式，总是那么实实在在，现代化的社会不需要这种牛。""我不做牛，我不会做一头被人奴役、受人驱使的牛，丝毫没有反抗，从未想过翻身，翻身打倒骑在它身上奴役它的人，任由鞭子落在身上，现代化社会也不会需要这种牛。"这些看法比较幼稚，并不成熟，也不全面，但仔细想想，她从另一个侧面提出问题，是不是有一定的道理呢？

小海和欢欢的这种性格与我有很大的关系。我觉得人应该有个性，对问题有自己的见解。所以我平常遇到一些重大的事情，都要问一个为什么，动脑筋想一想，不愿意随声附和，随波逐流，也就是用理性思考。凡是我认准的事情，一定要办到，"不达目的，誓不罢休"。

爱因斯坦在回答他做出创造性成就的原因时说："我没有什么特别的才能，不过喜欢寻根刨底地追究问题罢了。"巴尔扎克指出："打开科学的钥匙都毫无异议地是问号；我们大部分的伟大发现都应归功于如何，而生活的智慧大概就在于逢事都问个为什么。"我们应该从这两段话中得到启发，鼓励孩子和学生的创新精神，培养他们的创新能力。

## （4）帮助孩子处理好学习和玩儿的关系

经常有家长问我："你们孩子爱玩儿吗？你怎样对待孩子的玩

儿。"我总是斩钉截铁地说："我的两个孩子太爱玩儿了。"怎么对待孩子的玩儿，也就是怎么帮助孩子处理好学习和玩儿的关系问题，我的体会有两点：第一，在时间上掌握好分寸，教育孩子不能因为玩儿而耽误学习；第二，尽量把玩儿和开发智力、培养意志、培养良好的道德品质结合起来，如下象棋、下围棋、集邮等。

　　玩儿是孩子的天性，不爱玩儿的孩子可以说是没有的。有位名人说："游戏是儿童的天职，玩耍是儿童的事业。"儿童在玩耍中包含着幼小心灵对未知世界的追求，对人生乐趣的渴望。可以说，只要不是傻子和白痴，凡是孩子都喜欢玩儿。小海从小就喜欢玩儿，摸爬滚打，夏天上树、冬天滑冰、打雪仗，没有冰鞋，就自己做，用两块小木板，底下钉上两根粗铁丝。他和我妹妹的小孩小颇在我们家院子附近的雪地里、冰块上滑来滑去，小手、小脸冻得通红，还挺高兴，我有时候喊都喊不回来，就用我们老家的一句话批评他："别把头玩儿掉了。"上了小学贪玩儿，有几次放学后和同学玩儿得忘了吃饭，还得我把他找回来。

　　对于孩子来说，玩儿和学习是紧密联系的。许多家长一说到学习，就把小孩禁锢在家里，让他们看教材，做作业。其实孩子获取知识的渠道是多种多样的，玩儿就是一种获得知识的重要渠道。在各种玩儿的实践中，孩子可以学到许多知识，发展智力和能力。高尔基曾经说过："游戏是儿童认识世界的途径。"小海在初一的一篇作文中记载了他的童年趣事："那还是我上二年级的时候，我家门前住下了一窝蚂蚁。我喜欢这群小生灵，没事时，总喜欢趴在地上观看它们：

褐红色的有些圆的身躯微微发亮，一对敏锐的触角，大大的脑袋，圆圆的屁股，还有六只弯弯的腿脚。走起路来，触角在地上一拍一拍的，十分利索。"接着，他描述了这群蚂蚁与一条菜青虫搏斗并且取得胜利的过程。通过这件事，使他得到启发："小小的蚂蚁为什么能战胜比它们大得多的菜青虫呢？那是它们能齐心协力顽强战斗的缘故吧。"

欢欢在日记中留下了不少关于玩儿的记载。春天到了，参加跳绳比赛；自己编风铃玩，还帮助同学编，有一段时间我们家里到处挂满了风铃，一阵风过后，一片响声。冬天下雪了，在上学的路上，调皮的男同学往落满雪的树上踹上一脚，随着飒飒的响声，树枝上的雪倾泻下来，形成一道白纱，美丽极了。到了学校，打雪仗、堆雪人，你往我脖子里塞一把雪，我往他身上撒一把雪，欢欢和同学们玩儿得好开心。男同学与别的班比赛足球，她与女同学去助威。赢了，她们和男同学一起高兴、庆贺、欢呼，互相拥抱，用力地拍打对方，用各种不同的方式表达内心的喜悦；输了，男同学狠狠地捶自己的脑袋，一声不吭，她们也心情沉痛、无精打采、黯然神伤。事后，她还要给那些垂头丧气的男同学鼓劲："朋友们，振作吧！昂起你们的头！'男儿有泪不轻弹'，我们输了，对！我们输了，这又算得了什么？值得流泪吗？拿出你们的勇气，拼搏吧，勇士们，我依然为你们呐喊助威。我代表全体女生，向在足球场上拼搏的勇士们致敬！我们初三（2）班必胜！"后来在实验中学为男同学篮球比赛加油，又把她带回到初中时代，"每场足球赛，我们是必不可少的啦啦队，纵然嗓子哑了，腿站酸了，我们仍毫不松懈地喊呀，喊呀。从来分不清是谁的钱，都自动地去买来一瓶瓶矿泉水。我们不要回报，真的，为集体从来不分彼此。"虽然比赛输了，"愿高一（6）班是初三（2）班的延续，大家团结，就战无不胜。比赛的结果是次要的，强大的凝聚力才是真正的胜利。"

到了实验中学，参加五子棋比赛，输了，得了个第四名，"心里怪难受的，尽管常说：'胜败乃兵家常事。'其实我也知道五子棋嘛，输了无所谓，可是总有一种说不出的滋味，失败确实是难受的，我的心一直紧缩着，怎么也舒展不开。问问自己：在意什么呢？输不起吗？消沉吗？看看蓝天，听听鸟鸣，阳光明媚，吸一吸春天的气息，洗去心灵的灰尘，让心情放松放松……"所以玩儿有时也是对自己心理状态和意志的考验，我们常说要"输得起"。

"明天是星期六，哇塞！学习了一周，该好好玩儿玩儿了，别提有多高兴了。"可是老师通知补课，"哦！天哪！"短短的这三个字表达了她的全部态度和感情。哪个孩子不想玩儿！有时欢欢也面对一大堆作业发牢骚："老师留的作业真多！唉，不是规定了作业不能超过一个半小时吗？也没错，一门一个半小时，四门六个小时！写完作业，已经是晚上12点了，我困得眼睛都睁不开了，迷迷糊糊地爬到床上，倒头便睡。"初三下学期，有一篇日记是这样写的："'让你们多写作业是为了你们好。'老师语重心长。'真的吗？'我望着桌上摊着的作业，不禁有些怀疑。我是个老师所谓的'好学生'，老师即使留再多的作业，我也不会皱眉头。可是，现在……唉，拼吧！"一副无可奈何的心情！高一上学期快结束了，还有75个小时就放假了，回家进入了以小时为单位的倒计时。但是，老师通知补课，"大家心里都暗暗诅咒它，心里只想回家。我不知道这样的补课对我们有何提高，我们是'身在学校心回家'。啊！讨厌！时间怎么过得这么慢？快点放假吧！"欢欢在日记中尽情地发泄她对补课的不满！当然，高三高考、初三中考，学校订有规章制度考核，成绩上不去，轻则扣奖金、点名批评，重则尾数淘汰。老师只好给学生压任务，顾不上学生的负担轻、负担重了。学生怎么办？就是欢欢那句话："唉，拼吧！"

高中毕业后，欢欢对班主任有三条意见，其中有一条就是整天让她们做数学卷子，没有领她们好好玩儿。实事求是地讲，在高一和高二，她们班主任还是组织了不少课外活动的。中秋节晚上，与同学一起登红山；几次到西站，与我们铁二中同年级学生联欢，比赛篮球、足球；领着她们班与我们学校学生一起去五家渠，游览水库，参观农田建设；地理教师与她们一起去博物馆参观陨石。到高三了，学习紧张，没有组织什么活动，倒也是正常的。

## （5）注重语文水平的提高

语文是一门人文学科，涵盖面极广，古今中外，天上地下，人情物理，无所不包，容易使孩子产生兴趣。语文素质高的孩子想象力丰富、记忆力强、感知敏锐、具有良好的语言表达能力，并且热爱生活、情感丰富、善解人意、社会交往能力强，同时，有比较高的审美能力、有鲜明的个性。所以在智力培养方面，我的侧重点是语文水平的提高和知识面的扩大。我是一位历史教师，喜爱文学，尤其是中国古典文学。根据我自己的体验和在学校教育学生的实践，我认定语文素质的提高是很重要的，它是所有学科学习，包括数理化和外语学习的基础。而语文素质的提高又是比较困难的，它的知识和能力是靠一点一滴的积累，潜移默化的渗透，唐朝诗人杜甫说："读书破万卷，下笔如有神。"语文水平的提高，不是三个月、五个月能奏效的，更不可能一蹴而就。它需要从小开始，坚持比较长的时间，甚至几年、十几年、几十年才能有显著的效果。由于语文学科的特点，我们可以在接触的"广"和知识的"博"上下功夫，选一些中小学教材上没有选的诗词、经典文章让孩子背诵，使孩子在以后的中小学阶段没有重复学习的感觉。数理化当然重要，但是，这些学科的学习有自己的特点，主要靠反应、理解和运用。因此在孩子早期的教育中，一般家长在这方面的智力开发很难超出中小学教材的知识范围，当然我们也可以教孩子数数、做一些加减乘除的练习、结合日常生活中的各种现象给孩子讲述简单的自然科学的知识，在小学和初中阶段，还可以让他们看一些诸如《十万个为什么》之类的科普读物。

语文能力包括语文一般能力和语文特殊能力。语文一般能力是指在语文学习过程中所需要的注意力、观察力、想象力、思维力、记忆力等。语文特殊能力是指学习语文所需要的听说能力、识字能力、写字能力、阅读能力和写作能力等，概括地说，就是听、说、读、写的能力。小海的智力开发比较早，几乎会说话就教他认字、背唐诗。有人好心地告诉我，孩子智力开发早，会把脑子用坏的。根据我的经验，这种说法是不对的，这是教育上的一个误区，实际上智力开发早的孩子聪明。据现在科学家的研究，婴儿从呱呱坠地开始，心理活动就萌发了，1岁呀呀学话，3岁渐明事理，这个时期如果抓紧教育，可以取得较好的效果。人的大脑细胞，百分之七八十是三岁前形成的，这时已经具备了接受早期教育的生理基础。7岁孩子大脑的发育基本上达到成人的水平。从出生到7岁是人生身体各器官，尤其是大脑发育最快的时期。而过了20岁以后，脑中神经细胞每天死亡10万个。新生儿的脑重平均390克左右，而7岁的儿童平均为1280克左右，差不多接近成人平均为1400克左右的脑重。人的脑电发展有两个明显的"飞跃"时期，一个在5至6岁，脑的结构已相当成熟，一个在13至14岁，脑的结构基本成熟。6岁左右，大脑皮质各区都已接近成人水平。有学者研究，人的语言能力，3至8岁为伸展期，在这一期间学习语言的能力与日俱增，过了这一期间，再学习语言，就费力了。可以在孩子三四岁的时候，教他念外语单词，五六岁的时候给他讲故事，背点唐诗宋词。

### A．认字和写字

我教小海识字的方法主要是认字，还不到三岁就让他认。我现在还保存了两张小海认字的照片，一幅照片在认"祖"，一幅照片在认"记"。现在条件好，为孩子识字和开发智力用的各种教材、录音带、录象带、VCD很齐全，当时没有这么好的条件，我请铁二中的语文教师、我的朋友吴泽俊先生写了许多字。开始认简单的，如"一""二""三""人""口""手"，逐渐加大难度，可以让他认"倒""拍""国""海"。开始每天认两三个，以后逐渐增加，最多达到10个，一年下来，可以认八九百个。

孩子到了三四岁可以学习写字了，现在还保留了几封我在北京上大学期间小海写给我的信。最早的是1978年12月的一封，写得很简单："爸爸您好！儿小海"。背面附上了他写的拼音和"中国工人"、"北京"、"日月水火"、"上下左右"等字，字写得很工整，是一笔一划写的。我的亲戚说："是我们写的，小海照着抄的。"我说："三岁的孩子能够抄一遍这封信也不简单。"

1977年底，恢复了在"文化大革命"中被废弃的高考制度，全国高等院校重新通过统一考试招生，不过是各省市自己命题，1978年才由教育部统一命题。当时我感到欢欣鼓舞，当时的想法就是能上大学就行。1977、1978这两年高考形势都比较严峻，全国三百多万考生，只招收二十几万，真是千军万马过独木桥。1977年，我报考的第一志愿是新疆大学历史系，成绩过关了，但是，铁二中给我写的政治审查材料和鉴定使我没有被录取。铁路局教育处招生人员从自治区招生办公室得到消息，责令铁二中重新给我写了份政治审查材料和鉴定，但已经晚了。不过，上帝是公平的，坏事可以变成好事，这反而给了我一个到北京学习的好机会。1978年，教育部规定政治审查材料和鉴定要和本人见面，这是建国以来没有过的，史无前例，以后也很少出现这种情况，恐怕是特殊时代的特殊办法吧，我最担心的问题解决了。

1978年我以新疆维吾尔自治区文科高考第一名的成绩考入北京师范大学历史系。我们全家都很高兴，我的儿子小海高兴地说："等我当了爸爸的时候，我也到北京上大学。"后来，我们系召开座谈会，我在会上发言，提到小海说的这句话，历经这场浩劫的同学们感慨万分。前几年，我们大学同班同学周洪写了一本小说《甜月亮》，这部小说主要是以我们班的生活、学习作为背景而创作的，作者还在书中提到这句话。

我到北京上学以前，就开始教小海写字，也是从简单的字开始，我走后，由我的父母亲和老伴教。1980年6月2日的一封信让我和我们班的一些同学感慨万分："爸爸：你好！近来你很忙吗？爸爸你给我买一个羽毛球，两个小拍子。祝你考试得100分！你回来我到车站去接你。儿小海。"按常理，应该是爸爸祝儿子考100分，由于经历了那个是非颠倒的时代，成了儿子祝爸爸考100分。也算是那个特殊时代历史的反映吧。

**B．背诗词、旅游、学习文史知识**

提高语文素质，一个重要的途径就是扩大知识面，例如背唐诗、宋词、古文，也可以背诵一些名言名句。年龄大一些，让孩子看连环画、儿童通俗读物或历史通俗读物，如《三国演义》《水浒传》《说岳全传》、中国历史小丛书、中国近代史故事等，孩子先看，不明白的地方我再给他们讲一讲。再往后，还可以让孩子读一些古今中外名著的简洁本，再进一步就让他们读原著。有时候也让他们看一些普及自然科学的儿童读物。小海和欢欢就是通过这些途径学习文史知识，为打下扎实的文学基础一点一点地添砖加瓦。

童年、少年时代，是孩子记忆力特别是机械记忆力最好的时期，家长应该抓住这个时期，督促孩子利用他们记忆力强的优势多背些东西，这时候背的许多东西，一辈子都忘不了，相反的，成年以后背的东西，时间不长就忘了。有人批评"死记硬背"的读书方式，实践证明，不但学习语文需要"死记硬背"，学习数理化，照样离不开死记硬背，数理化的定理、定义、公式、方程式等等还是需要记忆的。学习语文的过程中，通过背诵，不仅记住了所背的内容，而且可以使孩子丰富语词、了解语法、学习写作技巧、提高写作能力，要长期坚持。有些家长出于"猎奇"，或者一时"心血来潮"，让孩子背上几十首诗词，就万事大吉了，这起不了多大的作用。宋代文学家王安石写了一篇文章《伤仲永》，讲一个神童在这方面的教训。我们应该有一个通盘的计划，按照不同的年龄，决定背什么内容的东西，背多少，由浅入深，由易到难，由简单到复杂，循序渐进地一直坚持到上学以后。

小海长到三四岁了，在认字的同时，还让他背唐诗。我到北京上学，假期回家我负责教他，我走了，由爷爷、奶奶和她妈教他背。欢欢一直在奶奶家，也是从小背唐诗，小学毕业过来后，我也让她背诗词、名句和古文。孩子年龄小，背一些简单的五言绝句。当时我用的是谢迭山选的《千家诗》，因为《唐诗三百首》太深了。《千家诗》第一篇就是唐朝诗人孟浩然的五绝《春眠》："春眠不觉晓，处处闻啼鸟，夜来风雨声，花落知多少。"第二篇还是他的，《访袁拾遗不遇》："洛阳访才子，江岭作流人。闻说梅花早，何如此地春。"有人问："这么小的孩子背诗词，能理解吗？"我的办法是，孩子背诵前后，有时候解释几句，听懂多少算多少，有时候不解释，先背会再说。其实孩子在背诵的过程中，也是在不断地体会、理解，即使暂时不理解，以后他们也会在反复吟诵的过程中慢慢理解的，悄然冰释，润物无声。随着年龄的增长，我适当地增加了一些律诗、乐府、古风。

在教育孩子的过程中，我还注意利用我有两个假期和铁路职工享受免票、乘火车不要钱的优势，把背诵诗词与旅游结合起来。如果孩子记住的一些诗词，能够在旅游实地背诵一下，那就能使他们感受到诗词描写的艺术境界，大大刺激他们学习的积极性了。1984年暑假，我第一次领着小海长途旅游，我们由乌鲁木齐出发，先直奔哈尔滨，在那儿游览了太阳岛，在松花江上划了船。然后南下，参观了沈阳故宫、北陵、东陵，登上了天下第一关——山海关。在北戴河，小海第一次见到一望无际、波涛汹涌的大海，他看到海风把一束束的海浪推向岸边，腾起几丈高的浪花，聚集成铺天盖地的浪峰，饿虎般地猛扑堤岸上的礁石，涌起巨澜，卷起千堆雪。"哇塞！"小海立即被海的魔力征服了，心情非常激动，租了个救生圈，在水里泡了一两个小时，迟迟不想上来。接着，我领他经过天津、北京，乘车到了长沙。7月28日，领着小海登岳麓山，瞻仰了黄兴、陈天华、蔡锷、宋教仁等辛亥革命仁人志士的墓，给小海介绍了他们在辛亥革命和维护民主共和制度斗争中的贡献。小海在山顶"麓峰耸峙"石碑前照了张相。在整个游览的过程中，我讲了岳麓书院的历史，介绍了爱晚亭的名字来源于杜牧的诗《山行》："远上寒山石径斜，白云生处有人家，停车坐爱枫林晚，霜叶红于二月花。"这首诗他背过，所以一点就通。最后到达广州，我们大学同学马建和当时在黄埔港工作，领我们到黄埔岛。1844年10月，中法《黄埔条约》在这儿签字，1924年孙中山在这儿创办黄埔军校，我记得当时黄埔军校旧址还没有整修，解放军住在里面，我们只是在外面看了看。

1985年寒假，我们又作了第二次旅游，2月2日，我领着小海到了杭州。第二天，我们参观了位于西湖西北角岳湖畔的岳坟，门票1角钱。岳坟始建于公元1221年，内有忠烈庙、启忠祠和岳飞墓。忠烈庙内有岳飞塑像，原来的塑像被红卫兵砸了，像是重塑的，在焕然一新的塑像上方是岳飞手写的"还我河山"四个大字。岳飞墓园在忠烈祠西侧，墓碑刻有"宋岳鄂王墓"字样，旁有其子岳云墓。墓前建有墓阙，阙前照壁上镌刻着"尽忠报国"四个大字。1961年，岳飞墓列为国家重点文物保护单位。在参观的过程中，我给小海讲述岳飞抗金的事迹，以及宋高宗、秦桧和他的老婆卖国、以"莫须有"的罪名杀害岳飞的罪行。在墓道阶下跪着的"三男一女"秦桧、王氏、万俟卨、张俊四个奸臣的铁像面前，我特地讲解了两副对联。一副是一位姓秦的古人题的："人自宋后羞名桧，我至坟前愧姓秦"。另一副是镌刻在墓阙门框上的石刻楹联（由松江女史题）："青山有幸埋忠骨，白铁无辜铸佞臣。"教育小海分辩忠臣和奸臣，"忠臣流芳百世，奸臣遗臭万年"。就是这四个卖国贼及其后台宋高宗杀害了岳飞，可是在"文化大革命"中，红卫兵却把这四个卖国贼的铁像搬走了，现在岳坟前的铁像是"四人帮"倒台以后重新铸造的。我记得当年报纸上有一篇文章讲岳飞比秦桧还坏，真是"人妖颠倒是非淆"。晚上，回到杭州铁路分局招待所我就教小海背诵岳飞的词《满江红》，不到半个小时，他就背会了这首千百年来激励了无数爱国志士的词："怒发冲冠，凭栏处，潇潇雨歇。抬望眼，仰天长啸，壮怀激烈。三十功名尘与土，八千里路云和月。莫等闲，白了少年头，空悲切！ 靖康耻，犹未雪；臣子恨，何时灭？驾长车，踏破贺兰山缺。壮志饥餐胡虏肉，笑谈渴饮匈奴血。待从头，收拾旧山河，朝天阙！"我又结合历史史实给小海讲解了一遍，他深深地为岳飞的爱国主义精神和这首词磅礴的气势所感动。因为我没有音乐细胞，就没有教他唱，只是自己小声地哼了一下。我们由杭州到了北京，在北师大历史系党总支书记金春芳老师的帮助下，与我的舅舅、小海的表兄一起参观了中南海。2月10日从位于南长街81号的中南海东门进入。门票上写着"中南海参观券"，"10公分长，5公分宽，白色底，蓝条"，看上去和电影票差不多，区别是上面印着"内部参观，不准转让"，可惜在进门时，门票被收走了。当时开放的景点有流水音、瀛台、静谷、颐年堂、毛主席故居（菊香书屋），主要分布在南海。我保存了编号为034063号中南海照相服务部的一张取相单，这是我们在毛泽东的故居前合影留念。

　　我领着小孩在全国各地转，游山玩水，访古朝圣。每到一地，我利用自己的特长，给孩子讲名胜古迹的历史由来、遗闻轶事、涉及到这个名胜古迹的历史人物的史实，进行爱国主义和良好道德品质的教育。同时让他们背已经背过的诗词，学习没有背过的诗词，既增长了知识，又提高了学习诗词的兴趣。顺便说一下，我们那时旅游，乘火车，能有个硬座坐坐就满足了，车少人多，上车经常没有座位，站上十几个小时是很平常的事情。我记得，1984年，我和小海就是从长沙站到广州的，后来，有两位旅客挺不错的，看小海年龄小，往里挤了挤，让小海坐在边上，也就是两个人的位子三个人坐。其实像这样也好，对孩子是一个锻炼意志和体力的机会。

1986年，我和老伴、小海乘车经兰新线、陇海线、京广线，8月2日到武汉，第二天，我的北师大同班同学段学文陪我们参观黄鹤楼。小海背过李白的诗《送孟浩然之广陵》："故人西辞黄鹤楼，烟花三月下扬州。孤帆远影碧空尽，惟见长江天际流。"广陵就是今天的扬州，在唐朝是工商业最发达的城市，经济地位超过长安和洛阳，号称"扬一益二"，益州是今天的成都，当时是仅次于扬州的工商业城市。我又让他背崔颢的诗《黄鹤楼》："昔人已乘黄鹤去，此地空余黄鹤楼。黄鹤一去不复返，白云千载空悠悠。晴川历历汉阳树，芳草萋萋鹦鹉洲。日暮乡关何处是，烟波江上使人愁。"这首诗写得很好，据《唐才子传》记载，李白游黄鹤楼见到崔颢这首诗，因无法超过而为之搁笔，赞叹道："眼前有景道不得，崔颢题诗在上头。"我们还游览了东湖、屈原的行吟阁、洪山宝塔等名胜古迹。离开武汉，到岳阳，我们登上了岳阳楼。面对"洞庭波涌连天雪"的壮丽景色，我让他背诵杜甫的诗《登岳阳楼》："昔闻洞庭水，今上岳阳楼。吴楚东南坼，乾坤日夜浮。亲朋无一字，老病有孤舟。戎马关山北，凭轩涕泗流。"他感到诗景交融，心旷神怡，"别是一般滋味在心头"。遗憾的是，这时候，我还没有让他背范仲淹的《岳阳楼记》。只好在一楼岳飞书写的《岳阳楼记》的屏风前给他简单地讲了讲，强调要学习范仲淹的"先天下之忧而忧，后天下之乐而乐"的精神。

接着，经过长沙换车去贵阳，游览了黄果树瀑布、当时新发现的龙宫，我们住在大学同学曹维琼的家里。第二天，我们一起去花溪公园游玩，并参观了一座禅宗的寺庙。中国的禅宗兴起于南北朝时期，创始人是南天竺人菩提达摩。我和曹维琼谈到达摩第五传弟子弘忍选择法嗣，神秀和慧能作偈一事。弘忍令徒弟每人写一个偈，从写的偈中挑选接班人，神秀夜间在墙壁上写了一个偈："身是菩提树，心如明镜台，时时勤拂拭，不教染尘埃。"弘忍看到后，认为神秀作此偈，只到门前，还未入门。寺庙里有一个舂米行者（没有剃发，在寺庙服役的人）慧能，不识文字，请人代写一个偈："菩提本无树，明镜亦非台，佛性常清净，何处有尘埃？"慧能的空无观比神秀的空无观彻底，弘忍遂选定慧能为嗣法人。我先背诵了神秀的偈，接着曹维琼背诵了慧能的偈。我们两人的谈论和背诵的偈引起了小海的注意，很感兴趣，我给他讲了关于佛学禅宗的一些简单知识。想不到八九年后，他自己也开始研读一些关于佛经和禅宗方面的书籍，并且深受其影响。有人说："学佛的孩子不变坏，学佛的老人不痴呆，学佛的少年永不败。"

8月12日，我们到了昆明，游览了城里的名胜古迹，如龙门、大观楼、金殿等，在游览西山龙门时，顺道去了聂耳的墓，我给他讲了《义勇军进行曲》即国歌创作的经过，歌词由田汉写在香烟纸的衬纸上，由聂耳谱曲，原词作了一些修改，谱好曲后，广泛征求了音乐界的意见。当时中国电通影片公司拍了一部电影《儿女风云》，把这首歌放在末尾，作为主题歌。这部电影反映了日本加紧侵略中国、民族危机空前严重情况下的中华儿女。1935年5月16日，《电影画报》第1期刊出了《义勇军进行曲》，电影《儿女风云》也正式放映，很快地，中国大地上就响彻了"起来，不愿做奴隶的人们"的战斗吼声。我们还参观了石林，石林离昆明80公里。8月14日，我们乘坐7时10分从昆明开车的旅游车，票价2元，另有意外伤害保险费2角，均有票据。当时门票4角，相片书签形式，图案就是石林，有"欢迎游览石林"字样。那天下着大雨，小海曾在贵阳摔了一跤，把膝盖磕破了，我特别担心他的伤口发炎。我们在龙云题字的"石林"前是穿着雨衣照的相，彩照，每份2元。昆明的旅游结束后，我们没有从原路返回乌鲁木齐，而是经成昆线、宝成线回来。一路上瞻仰乐山大佛、登上峨眉山，在成都，游览了武侯祠、杜甫草堂，还去了一趟都江堰，在后人纪念李冰父子的二王庙前合影留念。

1987年暑假，我领着两个孩子从乌鲁木齐出发，我们首先在石家庄下车，住在我们大学同班同学牛润珍家里，参观了正定县的隆兴寺、拍电视剧《红楼梦》的荣宁街，在北京又参观了大观园和其他名胜古迹。在北京参观雍和宫，我给他们介绍了雍和宫的历史。雍和宫是雍正皇帝即位前的住宅，即位后改为雍和宫。雍正帝死后，其子乾隆皇帝改建为喇嘛教寺庙，以便借佛门道场为其父雍正皇帝忏悔，减免其生前的罪孽。寺庙除在主殿供有三世佛——过去佛燃灯、现在佛释迦、未来佛弥勒外，还在法轮殿供有喇嘛黄教创始人宗喀巴的铜质佛像。我简单地讲了喇嘛教与佛教的关系：清朝初年，蒙古族和藏族两个民族信仰藏传佛教即喇嘛教，顺治帝、康熙帝为了巩固对这两个地区的统治，册封喇嘛教四大活佛（西藏地区的达赖喇嘛和班禅额尔德尼，外蒙古的哲布尊丹巴和内蒙古的章嘉），从而维护了祖国的统一。乾隆帝改建雍和宫是为了广泛地吸引蒙、藏这两个地区的喇嘛教信徒，达到对这两个地区安抚的目的。参观颐和园，当然要揭露英法联军在第二次鸦片战争期间火烧圆明园（包括颐和园在内）的罪行，以及慈禧太后为庆祝六十大寿，挪用海军军费重修颐和园，致使甲午中日战争失败的史实，对孩子进行思想教育。我们从北京乘25次特快去山东，我的妹夫到淄博车站把我们接到东营，他在胜利油田运输公司开车。两天后，我们乘他们单位的旅游车去蓬莱、烟台、威海，最后到达青岛。威海市中心有在甲午中日战争的黄海海战中牺牲的民族英雄邓世昌的塑像。从威海可以乘船去刘公岛，岛上有北洋舰队提督丁汝昌的衙门和坟墓，丁汝昌是在威海卫战役中不愿意投降而自杀身亡的，死后葬于岛上。我给孩子讲了甲午中日战争中的几个重要战役，以及左宝贵、邓世昌、林永升、刘步蟾等人英勇抗击日本侵略者的事迹。最后到达青岛，青岛原指前海的一个小岛——小青岛，1899年10月12日，德皇威廉二世命名"胶州保护地的新市区为青岛"，这是青岛作为一个城市名称的开始。我们大学同学许虹是教授我们法国史的老师刘宗绪先生的研究生，她和刘老师正在青岛开会，许虹陪我们在青岛转了几个小时。我们到第六海滨浴场游泳，在栈桥合影留念，参观海产博物馆，去崂山游览了太清宫等道院。太清宫侧有石刻："波海参天——始皇帝二十八年游此山。"《寰宇记》载："始皇登劳盛山，以望蓬莱。"其中"劳"即崂山。

除了我领孩子旅游外，我的母亲出去，也把他们带上。老太太最喜欢小海和欢欢，先带小海，小海上学了，又领欢欢，到过北京、东北、上海、苏州、无锡等地。这些旅游，对孩子巩固已背会的诗词、学习文史知识、写作文、思考问题，起了拓宽思维、丰富想象的作用。旅游还可以使孩子更加热爱祖国的大好河山，"江山如此多娇！"

小海上了初中，我逐步加码，让他背《唐诗三百首》中的一些古风、乐府，尤其是李白、杜甫、白居易等人的诗作，如《关山月》《蜀道难》《将进酒》、三吏三别、《望岳》《琵琶行》《长恨歌》等；背《古文观止》上的一些古文，如诸葛亮的前后《出师表》，韩愈的《师说》《原毁》，王勃的《滕王阁序》，苏轼的前后《赤壁赋》等。原来背了一些宋词中的小令，这时我从龙榆生编选的《唐宋名家词选》一书中选苏轼、柳永、李清照、辛弃疾等人的一些长调名篇让他背。

在欢欢的日记中，有好几篇提到了她小时候学习文学知识的情况。1996年9月7日这一篇说："我从小在爸爸的'监督'下背了不少诗词名句，但现在有些遗忘，所以我打算在上学期间抽出时间再复习一下。我还非常喜欢看名著，中国的、外国的、古代的、现代的，多多益善。我看了很多原著，像中国古代四大名著、外国的《母亲》《鲁滨逊漂流记》《复活》《茶花女》《基督山伯爵》等等。还有许许多多的简写本，像《简·爱》《十日谈》《堂·吉诃德》《悲惨世界》《巴黎圣母院》《神曲》《包法利夫人》《伪君子》《高老头》等等，至于报刊杂志上的文章，就多的数不清了，我最爱看《读者》《青年文摘》上的文章了。我很多愁善感，我看《悲惨世界》的简写本时已哭了三回，我的遗憾是不知什么时候才能读上原著。"在《我的语文学习》这篇作文里，欢欢写道："初一时，爸爸就规定我每天背一首诗或词，放假期间又不断让我看名著，渐渐地，我养成习惯，不用爸爸督促，我也能背上一首琅琅上口的诗词，如饥似渴地读更多些名著，其实那时没有真正意识到这潜移默化的训练有什么用，只觉得应充实自己而已。"在奶奶的影响下，我们全家都喜欢看《红楼梦》小说，以及根据小说改编的越剧和电视连续剧。欢欢在小学六年级暑假就读完了《红楼梦》原著，后来在初中又读了第二遍，并作了简单而幼稚的评论。欢欢在初一的一篇日记中抄写了《红楼梦》第40回中关于被刘姥姥逗得哈哈大笑后的众生相，并加以评论："读到这儿，我不禁也笑起来。然而笑后，静下来仔细想想，作者写的这段话为什么会感染读者呢？这就是因为作者并不只空洞地说'捧腹大笑'啦，'哈哈大笑'啦等等，他详细地记叙了每个人笑时的动作、神态，所以使读者彷佛看到了这个场面。"现在两个孩子承认，后来在大学本科和研究生的学习中，一直得力于广博的文史知识和扎实的文学功底。

　　知识都是相通的，文史知识薄弱的学生，他的英语和理科成绩也不会太好。那种认为哪门课有用，哪门课没有用的理论是错误的。很多知识表面上没有起直接的作用，但是却渗透在我们一生的学习、工作、生活中，起着潜移默化的作用。我认为，教育部规定学习的课程，包括音乐、美术、体育、劳技、电算在内，都应该学好。作为学校都应该重视。因为这是经过科学论证，几十年乃至几百年中外教育经验的结晶。现在在教育方面（包括家庭教育和学校教育）存在着一种"重理轻文"的倾向，个别学校擅自削减政治、历史、地理、生物等学科的课时，甚至砍掉这些学科，这都是不懂教育的表现，误人青春、误人子弟啊！

　　还有些学校不是把重点放在全面培养学生的素质教育上，而是放在抓保送生上，过分地鼓励和宣传学生走通过竞赛获得保送的捷径，造成一些学生偏科，只抓一门或几门功课。这会把我们的教育事业和学生引向歧路！据清华大学有位老师告诉我，实践证明，大部分保送生的质量不如正式考入的学生。当然，保送生里也有不少人才，通过竞赛，证明他们某一科或几科的学习是比较突出的。但是，我们的学校是面向这少数学生，还是面向全体学生？是宣传学生全面发展，还是鼓励学生只抓一门或几门功课？我的女儿欢欢是新疆实验中学理科实验班毕业的，这个实验班经过特批，不参加会考，当然她们也就没有认真学习历史、地理、政治、生物（当时高考不考地理、生物）等学科了。上了大学以后，在进一步学习的过程中，尤其是在英语学习中，深深感到缺乏世界历史等学科的知识所带来的困难。只好补课，利用假期听世界历史课，把高中世界历史教材带回学校去自学。

### C．写日记

为了提高孩子的语文水平，除了让他们背唐诗、宋词和名句，看连环画和儿童读物外，就是写日记。现在我还保存了小海当年写的第一本日记，从1982年8月14日到1983年6月2日，几乎天天不断。写什么？我告诉他："写一天中你认为最重要的。哪怕写一句话也行。"这些日记记载了当时小海的学习、生活、劳动的一个侧面，也如实地记录了他所犯的一些错误，如和小朋友打架、偷吃了一个月饼、没有完成作业、放学后贪玩儿没有按时回家等等，也简单地记下了我的处理和对他的思想教育。

我是从写日记中尝到甜头的，因此一直坚持，每天写。欢欢经常批评我的日记有两个特点：一是流水帐，大部分是柴米油盐酱醋茶；二是经常补写，最多时，补写的日记达一星期之多。但从我的体会来看，写日记是全面培养孩子的语文素质，提高其文学水平的最好的方法：第一，要涉及到一些生字生词，需要问人或查字典，有些字、词反复使用，容易记住。第二，涉及到语法，需要组织语句，并且还要仔细琢磨语句的通顺。第三，需要选择素材，要选择一天中最重要的事情，在选择的时候要经过大脑的思考。开始很简单，只是对一些事情的记叙，随着年龄的增大，还要对有些事情加以评论。第四，也是练字的好机会，要求孩子一笔一画地写，比专门练字，让他一个字写10遍或20遍的效果要好得多。对于一般成年人来说，还有两点好处：

一是备忘录，"好记性不如烂笔头"，有很多事情，隔一段时间忘记了，需要的时候，可以查一查。我写这本小册子，就是得力于小海、欢欢和我的日记，这些日记记录了当时的一些事情，从一个侧面看到了他们成长的过程。二是可以利用日记真实地记录自己的思想，宣泄自己的感情。真正的日记属于个人精神生活的隐私，是不可以给别人看的，偷看别人的日记是一种极不道德的行为。1910年的一个深秋之夜，82岁的托尔斯泰为了捍卫自己写日记的权利而离家出走，10天后病死在阿斯塔波沃车站上。他曾经无比沉痛地写道："一想到有人看过我的日记而且今后还会有人看，那种感情就被破坏了。而那种感情是宝贵的，在生活中帮助过我。"偷看日记的是他的夫人索菲亚，他把日记藏在靴筒里，也被索菲亚翻出来了，并进一步要求看他其余的日记。他的夫人想不通，为什么做妻子的不能看丈夫的日记？他在给索菲亚的信中解释了这个问题："每个人的精神生活是这个人与上帝之间的秘密，别人不该对他有任何要求。"而索菲亚不这样认为，她的理由只有一个：日记里面一定写了她的坏话。

在我们国家，从五十年代以来，由于"左"倾错误的泛滥，人们没有隐私权，日记被严重扭曲了，日记成为豪言壮语的记录本和歌功颂德、阿谀奉承的表忠簿，预谋由媒体宣传、发表或死后由别人挖掘、传诵，这样的日记是专门写给别人看的。而表达自己真实思想感情的日记，则成为挨整的罪证。1966年，"文化大革命"开始的时候，我正在铁三中读高三，一位数学老师的日记就成为他"反党反社会主义反毛泽东思想"和"宣扬资产阶级腐朽思想和作风"的"罪证"。所以，从那个时代过来的人，写日记的不多。我也是在"文化大革命"前写过一段时间的日记，为了不惹麻烦，把日记销毁了，以后在二十多年的时间里没有写。"四人帮"垮台以后，民主与法制逐渐健全，人权逐渐得到尊重，我从1994年11月12日又开始写日记，一直坚持到现在，已经写了十几本了。

欢欢在三年级写过日记，不过已经找不到当时的日记本了。系统地写日记是在初一，在语文老师要求下，一星期两篇；初二语文老师进一步要求一星期至少三篇；到初三，欢欢已经养成了天天写日记的习惯了。有一天作业留的比较多，欢欢把作业做完，"困的眼睛都睁不开了，迷迷糊糊地爬到床上去，到（倒）头便睡。心里还惦记着哪项作业没有做，日记！我的日记还没写呢！唉，太困了，明天再补吧，我就这样想。可是，心里想今天的事今天做，明天还有明天的事，'我生待明日，万事成蹉跎'，是呀，再说日记日记天天记，要不，不就成了周记、月记了吗？想到这里，我又爬起来，写完了这则日记，才放心地睡了。"日记有什么好处呢？欢欢认为，日记，是思想感情的宣泄处，"日记，记录下你成长的每一天，每一个脚印，每一个里程。试想，当白发苍苍的你我拿起儿时的许多厚厚的日记本，会感到多么欣慰啊！这一生，或快乐或忧愁，或痛苦悲伤或高兴兴奋，或笑或泪，都被记录在这些日记里，翻起了日记，就回想起过去，看过去的日记，是我最大的享受，因为我在这里看到了以前的我，真实的我。"欢欢从写日记中尝到了甜头。

日记应该记录自己真实的思想感情和经历的事情，日记不能虚构，否则就犯了"兵家之大忌"，欢欢就有过这样的败笔。小学三年级，语文老师经常念她写的日记，有一天，她到了"山穷水尽"的地步，没有什么写的了，于是就编造一棵梨树上开的花，"五颜六色，红的像火，粉的像霞，白的像雪，迂回流荡的花香，久久徘徊不去的蝴蝶"，所有她所知道的最能描写花的语言，几乎全用上了。第二天，老师照旧读她的日记，结果哄堂大笑，她犯了一个常识性的错误，梨花是白色的，不是五颜六色。何况一棵树上也不可能开出五颜六色的花来。唐朝诗人岑参在《白雪歌送武判官归京》这首诗中就是用梨花的白形容雪："北风卷地百草折，胡天八月即飞雪。忽如一夜春风来，千树万树梨花开。"后来她背诵这首诗，并用来反思那篇日记，得出一个重要的结论："日记来不得半点虚假啊！"

欢欢在一篇十四句自问自答的作文中，有一句是关于写日记的："自己最满意的习惯——写日记"。日记成了他们学习的组成部分，小海和欢欢承认，他们语文和英语学习水平的提高，得力于写日记。欢欢就说过："不知不觉中，我的作文水平有了突飞猛进的发展，这可得归功于我那三大本厚厚的日记啊！"这都是她写了几年日记后，在初三和高一的切身体会。

在中学阶段，我还动员他们写英语日记。有一次，女儿担心她的日记会被别人偷看时，她哥哥就说："写英语日记。"欢欢真正写英语日记是从1997年2月2日开始的，通过写英语日记，她深深感到词汇贫乏，不得不借助于《汉英词典》，有时不知如何写一个句子，"满肚子的话却道不出来"。当然，写英语日记，是全面提高英语水平的重要方法，可惜能够坚持下来的学生不多。

现在欢欢的日记上还有她摘录的对写日记的系统总结：

1．当别人掂着你的日记问："这就是你吗？"你该这样回答："不，它大于我。"

2．每页日记都在诉说一个耐人寻味的秘密。

3．日记是永恒的记忆。

4．用自己的心去写，写自己的酸甜苦辣，翻开她，你将回味无穷。

5．日记记载着人生的真谛。厌烦、快乐、欣慰、气愤、恼怒、感激、懊悔，即时抓住那一刹那的感觉写下来的。也许有的比较偏激，感情色彩尤其浓厚，但那的确是我最真的一面。

6．日记是一面三棱镜，它折射出的七色光，可以照到你心灵深处的每一个角落。

7．思维是一匹快马，而日记是一个大草原。

8．每天采集一朵美丽而芳香的花朵，去装扮五彩缤纷的生活百花园。

9．日记虽然让我看清昨日的伤痕，但更多的是完善自新的我。

10．不要修饰，真实地写一篇日记，将是带给明天的一份厚礼。我认为，日记是一种宣泄，是一种倾诉，不要认为它是一种负担。

这一篇关于日记的总结不是十分严谨的，也不是什么豪言壮语，但是却有些特色，与她自己坚持写日记的体会不谋而合。

欢欢日记的内容是丰富多彩的，既有她对爷爷、奶奶和父母深厚亲情的真挚写照，也有对父母不满的牢骚；既有对老师的热情赞颂，也有对老师的一些言论和对某些事情处理的不同意见；既有对同学之间友谊的描绘，例如她在初三的日记里一连写了五位同桌，在高一的日记里写了同宿舍的几位姐妹，深情厚意，溢于言表，当然也有与同学闹了意见后，"小心眼"的发泄。而大部分日记则是激励自己勇往直前的自信和在思想、学习、生活、锻炼身体方面取得成绩的记录，同时也有惧怕困难、畏缩不前心情的如实记载以及在各方面遭受的挫折。对于学习、思想中的问题和接触到的各种事物，既有创新、能给人以启发的见解，又有稚嫩而可笑的看法……"小荷才露尖尖角"！

有时候，仅仅凭空洞的说教是不行的，"身教重于言教"，我能够坚持天天写日记，对孩子也有重要的影响。欢欢写日记，曾经有过动摇，但是从我坚持天天写日记中得到鼓励："每次爸爸写日记的时候，我就问自己：你今天的日记写了吗？倘若我写了，心里还能坦然，如若没有，就连和爸爸待在一间屋子里的勇气都没有了。看着爸爸坚持不懈地写，我就感到非常惭愧，自己的日记能坚持到什么时候呢？"一直到今天，我是坚持每天写日记，少则三言两语，一笔带过，多则洋洋千余言。但是，两个孩子，一个在美国，一个在北京，他们坚持得怎么样呢？

### （6）打好英语基本功

1982年7月，我从北京师范大学毕业，为了教育好孩子，哪儿也不想去，又回到了乌鲁木齐，结果把我分到石油子校。我想，去石油还不如回铁路。那一年铁路局的政策是从哪个单位考走的，只要愿意回来，还回哪个单位，如果工作需要，以后再调整。所以转了一大圈，我又被分回铁二中。

我回乌鲁木齐的主要原因是1981年10月28日，女儿欢欢出生了，儿子小海也从1981年9月开始上学。如果我留北京，孩子没有户口是不能上学的，在当时，一个普通老百姓，要把配偶调到北京，或者在北京报上户口，简直是天方夜谭！我回到乌鲁木齐的时候，儿子已经上完了一年级，我要求他从1982年暑假开始学英语、写日记。学英语，谁来当老师呢？我在中学阶段是学俄语的，从1960年到1966年学了六年，在北京师范大学学习期间，因为偷懒，没有认识到英语在未来教育孩子过程中的作用，还是选择的俄语，又学了四年。这时知道英语在教育孩子中的作用了，但已经晚了，只好请也分到乌鲁木齐石油新村子校的大学同班同学王云霞来教小海学英语。她们学校离我们家有七八公里，当时交通也不方便，只有18路公共汽车通西站，因此决定一个星期来一次。有时她来不了，就由我在铁二中文科班教的学生、也是我的历史课代表孟繁英帮助教一教。

有些好心人告诉我："这么小的孩子学英语，发音不准可是要耽误以后的学习。"我说我们当了几十年中国人，普通话说得怎么样，有几个标准的？相反，普通话说得最标准，语法没有一点错误的，大部分是外国人。我的主导思想是先学起来再说，发音不准以后再纠正。还有人担心，会不会和汉语拼音混淆起来，事实证明这种担心是多余的，孩子的语音辨别能力超过了成年人的想象。

学习英语当然先从简单的开始，小海最早的英语学习材料，我现在还保存着，就是光华出版社1981年3月出版的《儿童基本英语》教材和磁带。有时候也让他跟着电视学英语，例如当时播放的《瑛瑛学英语》。1984年，我让他开始学习初中一年级的英语课本。学完后，用初一年级期末考试的试卷考他，居然得了61分。

在学习英语的过程中，我经常利用孩子的特点，督促他学英语。例如，告诉他，如果背会10个单词，可以给他讲个故事，或者陪他下盘象棋，因为小海从小喜欢下象棋。1983年3月14日小海的日记说："我跟我爸爸学英语，学完英语，我说爸爸你还欠我三盘象棋没有下呢，我爸爸说先把英语句子弄会，再玩那三盘象棋。我就跟我爸爸学句子。我把英语句子快学会了，我爸爸就抱着小欢欢到我小姑姑那边去了。等我把英语句子弄会了，我就到我小姑姑那边屋里去叫我爸爸玩儿象棋，我爸爸说你先摆象棋去吧，我把象棋摆好了，就去叫我爸爸玩儿象棋。"我还充分利用小孩喜欢听故事的特点，认字也好，背唐诗、学英语也好，完成我规定的任务就给他们讲一个故事。儿子属兔，女儿属鸡，我给他们编兔子和鸡的故事，编不出来，就把狗啊、猫啊、狐狸的故事也换成兔子和鸡。有一次我给小海讲老虎向兔子学本事的故事就露馅了，小海说："爸爸，不是老虎向猫学本事吗？怎么又变成兔子了？"他们年龄大一点，胡编乱造的故事哄不了他们了，就讲历史故事，这是我的本行和拿手好戏。据孩子的日记和作文记载，我给他们讲过的历史故事有"人是怎么来的？"、城濮之战、约法三章、霸王别姬、安史之乱、陈桥兵变、金田起义、哥伦布发现新大陆、麦哲伦环球航行、马斯顿荒原战役、来克星顿枪声、奥斯特里茨战役、色当战役、马恩河战役等，还让他们了解汉武帝、唐太宗、克伦威尔、华盛顿、拿破仑、林肯、罗斯福、邱吉尔等历史人物。在讲述的过程中还可以对他们进行思想教育，如讲大禹治水，着重强调他三过其门而不入、一心为公的高尚品德；齐桓公称霸，着重讲齐桓公不计前仇，任用管仲为相，表现了齐桓公宽广的胸怀；讲霍去病，强调他说的一句话："匈奴未灭，何以家为？"表现了他为国家公而忘私的崇高精神，霍去病死的时候只有24岁；讲岳飞抗金、郑成功收复台湾、林则徐虎门销烟，主要灌输爱国主义思想；讲浙皖起义、黄花岗起义、武昌起义，要求孩子学习秋瑾、林觉民、黄兴等人，尤其是孙中山为推翻君主专制制度、建立资产阶级共和国、实行民主共和制度而进行斗争的不屈不挠的精神。当然，要结合孩子的特点，以情节为主，要有趣味性，在适当的时候，画龙点睛地总结上一句或几句带有思想教育的话。

1986年，我们以乌鲁木齐市培英学校西站地区分校的名义，举办了一个少儿英语班，小海也参加了。聘请我们学校的英语教师执教，这位教师在教学过程中基本上都是用英语对话，并结合孩子的特点，着重于说、唱，在教学课后教孩子们排练简单的话剧、歌舞等文艺节目，这些节目也一律用英语。在英语学习班结束的时候，还举行了一个汇报演出，邀请家长参加，大大激发了孩子们包括小海学习英语的积极性。至今我还保存着这次汇报演出的几张照片。

### （7）知识面要宽

古人说："读万卷书，行万里路。"我们应该让孩子多见广识，拓宽知识面。现在在学校教育和家庭教育方面有一个误区，只要一说学习，就是翻课本，做习题，一天钻教材，搞题海战术。学习不是也不应该是单纯看教材，我作为一个成年人和教师，让我一天到晚看教材，我也没有兴趣。何况现在有些教材编得枯燥无味，即使是生动的教材，一天到晚就看它，也让人厌烦。学习不是搞题海战术，前几天，有个报道说学校减负了，有些家长到新华书店买习题集，把负担又给孩子加上了。我认为，为了提高孩子学习的兴趣，学习和培养智力的途径应该是多方面的，方法也应该是多种多样的。在孩子的早期教育中，应通过多种途径和方法，拓宽小孩的知识面。

#### A．通过读书拓宽知识面

曾国藩在家庭教育中突出"读书"的重要地位，把读书学习看作是家庭教育的关键。他要求子弟恪守祖训，即以"书蔬鱼猪，早扫考宝"八个字诀为要务。这八个字中，将书列为首要，对于我们今天教育孩子很有启发。

孩子作业做完了，我从来没有再找课外习题让他们做，但是我要求他们看课外书，扩大知识面。如果我说："开卷有益"，可能要有人反对，对于孩子和学生不能这样要求，因为孩子没有辨别能力。但是，我觉得不利于孩子健康成长的书籍除外，还是应该让孩子多读些课外图书和各种各样色彩缤纷的报纸、杂志，对于开阔孩子的视野，丰富想象力十分有益。

据科学家研究，蜜蜂每酿一斤蜜，大约需要在100万朵花上采集原料。我不反对孩子看小说，甚至主动要求孩子看小说，因为看小说也是学习，也是扩大知识面。我从中学阶段就喜欢看书、买书，孩子在小学一二年级，就先让他们看连环画，据小海1982年8月29日的日记记载，"今天下午学完英语，我爸爸给我《三国归晋》，蜀、魏、吴三个国家都被晋国给消灭掉了。从暑假到今天我看完48本一套三国演义。"五年级以后，我就有选择地让他们读一些小说，古今中外的名著，从少儿版的到原版本的，循序渐进。

1995年我母亲因病去世后，欢欢写了一篇怀念奶奶的作文《我在奶奶怀里听〈红楼梦〉》，在欢欢几岁的时候，我母亲就给她讲《红楼梦》的故事，读《红楼梦》原著，对欢欢的影响很大。这篇作文现在没有找到，倒是有一篇日记记述了她听奶奶读《红楼梦》的情况："我们今天学了《红楼梦》里的'葫芦僧判断葫芦案'，老师叫我们谈一点儿对《红楼梦》的感受。其实，我所想的，并非是它给我的感受，而是——奶奶，我想起了奶奶。奶奶的一大爱好就是看《红楼梦》，我从小和奶奶在一起，记得我还没上学的时候，奶奶就天天晚上捧着《红楼梦》在微弱的电灯光下看，每当我睡不着的时候，奶奶就会给我念《红楼梦》——其实我都不清楚我听还是没听，反正听着、听着，竟睡着了。这样慢慢地成了习惯，奶奶每夜都给我念《红楼梦》，而我也渐渐地喜欢上了它，有时还会发点自己的见解。六年级了吧，我已经和奶奶开始评《红楼梦》了，奶奶对它彻头彻尾（从头到尾）都很熟悉，因为她不知看过多少遍，翻过来倒过去，而我也是反复听了不知多少遍。在我的记忆中，奶奶似乎只有这四本书（指四卷一套的《红楼梦》），而且只看过这四本书。我曾问过奶奶：'你看这么多遍不烦吗？'而这时，奶奶就笑眯眯地说：'（看）它呀，一遍比一遍更深刻。我看了这么多遍也没有把它全部了解……'一遍与一遍味不同，说得多好啊，初一时我看完《红楼梦》，觉得意犹未尽，初二时又看了一遍，对人物有了进一步了解，而现在还没完呢，我还想把它读上几遍或更多呢。而现在，奶奶已经离我而去了，《红楼梦》这部书却依旧在我手上，也许是触景生情吧，望着它，想着我曾躺在被窝里听奶奶的读书声，想着奶奶的慈爱的面容，泪不觉又滚落下来……"（1996年3月15日）

现在，我的两个孩子虽然都是学理工科的，但是他们对古代和近现代文学著作都广泛涉猎。尤其是小海，在清华求学期间，对中国古典文化产生了浓厚兴趣，系统地研读了儒释道三家的典籍，如《论语》《金刚经》《老子》《易经》。2003年12月，他从美国回来探亲，2004年元月，回母校铁二中（现在是乌鲁木齐市第69中）作了一场报告，主要是关于现在青少年的道德修养方面的，引经据典。铁二中教导主任高宝新在总结的时候说："你们说张庆海是学什么的？他是学理工科的，但是对中国古代的文化典籍也很熟悉。这才是全面发展的人才。"小海深厚的古文功底与从小在这方面的培养是分不开的。2008年、2010年回乌鲁木齐以及出国前，他多次回母校举办讲座。

### B．通过其他途径拓宽知识面

除了看书以外，拓展知识面的途径是多种多样的。有人问看电视是不是拓展知识面的途径，我认为是，也可以说不是。尽管我们家在长达10年的时间里没有电视，但是我并不笼统地反对孩子看电视，我以为要掌握几个原则：第一，时间不宜过长，一般以一两个小时为宜；第二，要看一些有益于孩子和学生身心健康的电视片，尤其是一些知识性强的片子，如纪实片、历史剧、科技博览、动物世界等；第三，不能影响学习，要处理好与学习的关系。如果处理不好这些关系，过了头，就会适得其反。现在报刊杂志上宣传，据科学家研究，看电视过多的孩子，智力发育反而迟钝，并且出现早恋的现象。

除了看电视外，我还鼓励和支持孩子通过八九十年代风靡一时的魔方、手打的游戏机，下象棋、围棋、五子棋，上网聊天，来开发智力，拓宽知识面。另外前面提到的背诗词、参观博物馆、游览名胜古迹和公园等等，都是拓宽知识面的途径。问题是要掌握好分寸，孔子讲"过犹不及"，有点类似我们今天辩证法所讲的"度"。在教育孩子的过程中，处理各种具体问题时都能掌握好"度"，不是一件容易的事。例如：如何处理孩子学习和玩儿的关系，在管教孩子问题上如何处理严格要求和疼爱孩子的关系，如何发挥家长的主导作用和家庭民主化的关系等等。

我认为上网没有啥，可以激发孩子学习电脑的兴趣，还可以查阅资料，扩大知识面。不过，一是应该净化网上的内容，有些不利于孩子健康成长的内容应该删除；二是时间不能太长，以免影响孩子的身体健康和正常学习。我是坚决反对未成年人进入网吧的，因为前一段时间网上的内容并没有完全净化，老板为了赚钱，不惜让未成年人在网吧待上几个小时，甚至十几个小时，当时有些地方的政府部门出于各种原因，采取的措施是不得力的。但是，我的一个调到上海的朋友告诉我，他的孩子就是因为上网，对电脑发生兴趣，后来在上海考上某个大学的电子计算机专业，还是个专科，现在在上海工作，收入颇丰。所以世界上的事物没有绝对的好，也没有绝对的坏，正像历史上没有十全十美、从来不犯错误的人物一样，也没有十恶不赦、从生下来到死没有做过一件好事的坏人。

恩格斯曾经说过："黑格尔指出：'人们以为，当他们说人本性是善的这句话时，他们就说出了一种很伟大的思想；但是他们忘记了，当人们说人本性是恶的这句话时，是说出了一种更伟大得多的思想。'在黑格尔那里，恶是历史发展的动力借以表现出来的形式。这里有双重的意思，一方面，每一种新的进步都必然表现为对某一神圣事物的亵渎，表现为对陈旧的、日渐衰亡的、但为习惯所崇奉的秩序的叛逆，另一方面，自从阶级对立产生以来，正是人的恶劣的情欲——贪欲和权势成了历史发展的杠杆，关于这方面，例如封建制度和资产阶级的历史就是一个独一无二的持续不断的证明。"（《马克思恩格斯全集》第21卷330页）如果在教育孩子和学生的问题上，我们家长和老师能学点哲学、心理学、教育学，多运用些辩证法，多理解点孩子、学生，是可以取得更好的效果的。

## (8) 帮助孩子确定学习上的奋斗目标

没有目标的人生是暗淡的人生，没有目标的青春是苍白的，因为目标决定态度，态度决定成就，成功的道路是目标铺出来的。有一位哲人说："伟大的目标构成伟大的心灵，伟大的目标产生伟大的动力，伟大的目标形成伟大的人物。"

对于一个人来讲，确立奋斗目标对他这一生的发展会产生十分重要的影响。心理学家认为：当人们的行动有了明确目标的时候，并能把自己的行动与目标不断地加以对照，进而清楚地知道自己的行进速度与目标之间的距离，人们行动的动机就会得到维持和加强，就会自觉地克服一切困难，努力达到目标。如果人生没有目标，就好比在黑暗中远征。有了崇高的目标，只要矢志不渝地努力，就会成为壮举，由此可见确立奋斗目标的重要性。

歌德说过："人生最重要的是要有伟大目标及达到伟大目标的决心。"而目标有"一辈子的目标，一段时间的目标，一个阶段的目标，一年的目标，一个星期的目标，一天的目标，一小时的目标，一分钟的目标。"我说的给孩子确定的这个"目标"不是一生的目标，也不是全面的目标，而是指"一段时间"或"一个阶段"的学习目标，也就是他考什么样的大学的目标。作为家长，在教育孩子的过程中，如何帮助孩子从小就开始确立学习上的奋斗目标呢？

### A．注意两种错误倾向

帮助孩子确定学习上的目标，应该根据孩子的实际情况，提出一个孩子经过努力能达到的目标，"跳一跳，够得着"。不要虚悬一个永远也达不到的遥远的目标。如果孩子确实经过努力，考试成绩不理想，没有达到既定的目标，甚至在高考过程中失误，没有考上名牌大学，名落孙山，也不要过多地去责备孩子。

作为学生，一般都想考个好成绩，自暴自弃、甘居下游的学生是很少的。孩子没有考好，作为家长，应该查问一下原因。我们必须承认孩子与孩子之间的差别，尤其在智力方面的差别。这与上楼一样，有些人可以乘电梯，有些人只能走楼梯，有些人可以上到楼顶层，有些人的能力只能上到中间，再也上不去了。从小学开始到攻读博士学位的成才道路，有人把它比作金字塔，越往上人越少。从我们国家目前的情况来看，不是每个人都能够上大学和攻读硕士、博士研究生学位的。我们应该看到，成才的道路是多种多样的，"条条道路通罗马"，可以通过上大学、攻读研究生学位这条道路成才，也可以在工作的实践中成才，做出巨大的成就。

确立学习目标是立志的重要组成部分，是成才的先决条件，是为孩子一生的事业奠定基础的。为了实现这个目标，显然家长和孩子都要付出巨大的努力。我们应该帮助孩子比较早地确立这个目标，并且根据情况的变化，不断地修改。

我以为在这个问题上，有两种倾向是不对的，一种错误的倾向是把自己的意志强加给孩子，按照自己设计的目标强迫孩子接受。例如强迫孩子学习钢琴、美术、书法，希望孩子将来成为钢琴家、美术家、书法家。当然孩子有这方面的兴趣或天赋，或作为一种业余爱好，进行美育方面的教育，增加一些艺术细胞，是可以的，甚至我们还应该全力以赴地帮助孩子。如果孩子没有这方面的兴趣，甚至作为一种负担，我们就不应该对孩子施加压力，强迫他们去做他们不愿意做的事。孩子有自己独立的人格与意志，如果家长把自己的意愿强加在孩子身上，千方百计地让他们去做某些事，会引起孩子的反感甚至反抗。有些家长为了让孩子练琴，剥夺了对于孩子正常心理、智力发展极为关键的做游戏、交朋友、发展其它兴趣爱好等权利，结果使孩子的心理发育出现障碍。一位母亲用自己蹬三轮车送货的钱给7岁的女儿买了一架星海钢琴，并且每天陪女儿练琴，第一年学琴，每天都要练七八个小时，上学之后的全部课余时间，几乎也都用在学琴和练琴上了。但是12年以后，该考八级的前夕，这个女孩表示"死也不弹琴了"，理由非常简单：她想玩儿。强迫一个没有音乐环境、不热爱音乐、又缺少天分的孩子整天去学琴，无怪乎孩子感到枯燥、愤怒，直至用"罢弹"来表示抗议！我记得十几年以前电视台曾经播放过一场儿童钢琴比赛的现场直播，一位记者问一位获奖的北京儿童，现在有什么感想，这位儿童的回答使我大吃一惊，他说："我想拿一把斧头把钢琴劈了。"童言无忌，阿弥陀佛！不过这件事给我留下了深刻的印象。孩子毕竟是孩子，他就是想玩儿，应该说玩儿是孩子的天性、是不可剥夺的权利，不想玩儿的孩子是没有的。你把孩子关在家里整天弹钢琴，并且反复弹奏一首或几首曲子，作为一个几岁的孩子，他肯定很烦躁。丧失了自由的孩子开始恨家长、恨钢琴，有的孩子把怒火撒向钢琴，视钢琴为"罪恶"之源，所以出现了要"拿斧子把钢琴劈了"的想法。据说有个孩子为了不再弹钢琴，竟剁掉了自己的手指头。有一位在钢琴上有所造诣的女士在一篇回忆文章里说："学琴十七年，最少有十二年，我不爱！十二年间，从台北到纽约，我换了六位老师、四架琴，参加了许多次演奏会，甚至在卡耐基音乐厅担任压轴，我却不曾深爱过音乐。"她还深有体会地说："中国人说'弹钢琴'，洋人则'玩儿钢琴（play piano）'。许多年来，我都不懂，为什么说'玩儿'？钢琴有什么好玩儿呢？现在，我终于了解，音乐是玩儿的，如同孩子哼歌、涂鸦。如果艺术不是玩儿、不带给人快乐，就不可能发展起来，只是人们愈玩儿愈高明、愈深远。我开始玩儿音乐、玩儿钢琴，不但自己玩儿，也教别的孩子玩儿。我要我的学生由玩儿而喜欢，愈喜欢，愈玩儿！愈精！我把热门音乐、流行歌曲和基本练习，合在一起教。"

　　我的一位朋友曾经说过，不是每个人经过培养，都会成为艺术家的。从事音乐工作，除需要鲜明的想象力、记忆力和情感等一般能力外，还需要具备曲调感、听觉表象和节奏感等音乐感受能力。从事绘画工作则必需具备以下几种能力：对对象结构的知觉及表现能力；对物体空间位置的敏锐、完善的知觉和表象能力；对物体亮度比值的评定以及色调的知觉和表现能力；与绘画方法、技术有关的手的精确动作能力等。还有些人把美术能力分为欣赏能力与创作能力两部分。这些能力，不是所有人都具有的。著名的文学家、翻译家傅雷先生的音乐造诣很深，两个儿子傅聪和傅敏都从小学习音乐、接受严格的训练。但是后来，傅雷先生不主张傅敏以音乐为生，他认为缺少天分和特有的素质而从事艺术，会是一件痛苦的事情，更不能用艺术混饭吃。傅敏后来成为一名教师，傅聪成为音乐家。已经退休的新疆八一中学校长有一次与我闲聊时说，音乐、美术这些艺术方面的杰出成就，是与遗传因素和家庭氛围分不开的。这话是有道理的。那些希望孩子在这方面有所成就的家长应该慎重考虑自己的条件。

我们在帮助孩子确定目标时还得注意不要盲目和别的孩子攀比，不要说某个同事或某个亲戚、朋友的孩子的目标是什么，为了自己的虚荣心，不顾自己孩子的实际情况，也要求自己的孩子达到这个目标，甚至超过这个目标，不达目的，誓不罢休。应该看到这种做法是错误的，因为孩子和孩子的情况不一样，盲目攀比最后只能伤害孩子的自尊心和自信心，同时也使自己感到无休止的沮丧和强烈的焦虑不安，因为对于爱攀比的人来说，别人的每一个好消息都会使他的心理上感到不平衡，似乎都是对自己的打击。所以有人说离开实际的期望值越高，对孩子的伤害就越大。

另一种错误的倾向是放任自流。我看了不少文章和报道，为了强调家庭民主化，一味地宣传在孩子成长的过程中要"顺其自然"。让孩子生活在宽松的家庭环境中，不要随意约束孩子，这些都是对的。不按自己的意愿给孩子设置目标，应该放任孩子去做自己想做的事。这些理论可能是正确的，也可能是有些家长教育孩子的成功经验。但是孩子毕竟年龄小，没有什么社会经验、阅历，天真纯洁，辨别是非的能力比较弱，如果一味"顺其自然"，处处放纵孩子，孩子想做什么就做什么，这样不利于孩子的教育成长。如果孩子骂人、打架、欺负弱小的同学，我们不管；孩子不学习、不完成作业、考试不及格，甚至逃学，我们不管；孩子没有礼貌、不讲卫生，我们不管；孩子进网吧、去游戏厅、没有钱就偷，就抢，我们还不管，这很容易养成孩子的任性、骄横，这样的孩子还能健康成长吗？"放任自流""顺其自然"走过了头就是放纵教育，现在很多独生子女就有这样或那样的毛病，其原因与孩子的第一个教师——家长的放纵教育有关。我们当然不应该给孩子规定一个分数或名次，并施加压力要求他一定达到，如果达不到，就要对孩子进行处罚。但是，孩子不学习，不做作业，上课随便说话，不遵守纪律，一考试就得个二三十分，我们作为家长或老师应不应该管呢？能不能批评呢？是不是还要赞扬几句呢？

卢勤的纪实文学著作《告诉孩子你真棒》中有一段话很有启发性：

"爱孩子要有原则，迁就孩子不是真正的爱，而是害。

"'当孩子哭着要东西时，父母应该怎么办，是给还是不给？'一位母亲来信问我。

"我在回信时，送给她法国著名教育家卢梭的话：

"'当一个孩子哭着要东西的时候，不论他是想更快地得到那个东西，还是为了使别人不敢不给，都应当干脆地加以拒绝。……如果你一看见他流泪就给他东西，就等于鼓励他哭泣，是在教他怀疑你的好意，而且还以为对你的硬讨比温和地索取更有效果。'

"我在复信中还对她说：'孩子的欲望是无止境的，总有一天，你会拒绝他。而此时的拒绝要比当时的拒绝给孩子的打击要大得多。当孩子放纵的欲望最终被拒绝时，轻者会造成孩子的焦虑恐惧、烦躁不安和悲愤绝望的心理，他会觉得世界上谁都跟他过不去，严重的情况下，还会引起孩子的轻生自杀行为'。

"如果您想培养一个无赖，那就尽情地去放纵他、迁就他；如果您想培养一个很棒的孩子，那么面对孩子起初的不合理要求，您就要坚持用爱的原则、爱的理由拒绝他。"

早在一千五六百年前，颜之推就讲过"父母威严而有慈，则子女畏慎而生孝矣。吾见世间无教而有爱，每不能然。饮食运为，恣其所欲，宜训翻（反）奖，应诃反笑。至有识知，谓法当尔，骄慢已习，方复制之。捶挞至死而无威，忿怒日隆而增怨。逮于成长，终为败德。"（《颜氏家训·教子》）这一段话主要强调对子女要求要严格，指出娇惯子女所带来的危害。这一段话对我们今天教育孩子还是很有启发性的，看样子放纵教育在魏晋南北朝时期就已经很严重了。人们常说："家长是孩子的第一个老师"，也就是启蒙老师，尤其在孩子的幼年、少年成长时期，家长的一言一行、一举一动对孩子的影响很大，所以家长应该在孩子面前注意保护自己的"光辉形象"。正因为这样，我认为家长应该发挥在孩子成长过程中的主导作用，给孩子提出一个学习上的奋斗目标，如果你认为这个目标是切实可行的，符合自己孩子的实际，你就应该在日常生活中，通过谈心、交流思想使孩子接受，成为孩子自己的奋斗目标，努力去实现它。当然这个目标在实践的过程中可以根据实际情况不断地调整。

在教育孩子问题上，我们应该掌握好分寸，专制独裁不对，绝对民主化也不可取。用毛泽东说过的话，应该是"集中指导下的民主，民主基础上的集中"。在涉及孩子的重大问题上，比如确定学习目标、择校、填报志愿等等，我都要征求孩子的意见，不过，我事先已经有了大致的想法，如果意见不一致，我又认为自己的意见是正确的，我就要说服孩子接受。正如我有时候开玩笑说的："我和孩子意见一致时，听孩子的；我和孩子意见不一致时，尽量让他们听我的。"但是这并不意味着要把我的意见强加给孩子，而是说通过我的思想工作，使我认为正确的意见成为孩子的意见。我们在给孩子确定目标的时候，一定要注意"从实际出发，实事求是"，结合孩子学习和各方面的实际情况。

**B．教育理论必须同实际相结合**

教育涉及到千千万万的家庭，自古以来，中国的老百姓就关心教育，历代政府更关心教育，因为它涉及到培养什么样的接班人的问题。

新中国成立以后，各类人物、各种流派都在教育领域跃跃欲试，打算干出一番成就来，教育上的所谓改革和创新就没有停止过，但是其结果都不了了之。1950年批判陶行知的改良主义教育思想、1958年教育革命、60年代的教育改革，延伸到"文化大革命"，那已经不是什么改革或革命了，而是成为"四人帮"打击知识分子、篡党夺权的手段了。有人认为，"文化大革命"与新中国成立以后十七年的教育有关。"教育为无产阶级政治服务""相信毛主席要到迷信的地步，服从毛主席要到盲从的地步"，这种教育准备了参加"文化大革命"

的革命小将"红卫兵"和主力军。即使这样，1971年，在毛泽东的支持下，"四人帮"炮制了"两个估计"，即在1949—1966年的十七年中，"毛主席的无产阶级教育路线基本上没有得到贯彻执行"，大多数教师及其培养的学生，"世界观基本上是资产阶级的，是资产阶级知识分子"，从而掀起了一场批十七年资产阶级、修正主义教育路线，批"师道尊严"的高潮。接着，又宣传缩短学制，让知识分子到工农兵中接受再教育，选拔工农兵上大学、管大学、改造大学，吹吹打打，热闹了好一阵，随着"文化大革命"的结束，这出戏也就闭幕了。

现在一些书报杂志发表了不少关于教育方面的文章，尤其是新闻媒体，很热衷于教育。一些文章对孩子教育和学校教育指手画脚，谈一些似是而非的看法。有些话听起来很有哲理性，和教育实践一联系，却不是那么回事，不符合实际情况，装腔作势、华而不实。有人说："只有不合格的老师，没有不合格的学生。""千错万错，学生没有错""学生个个都是好，只有老师不会教。""只有笨的教法，没有笨的学生。""只有教不好的老师，没有教不好的学生。"这种"只有""没有"的理论把丰富多彩的大千世界一分为二，简单化、绝对化了，倒有点像1958年教育革命以来的"豪言壮语"和那些绝对化的词语，如"不是革命的，就是反革命的；不是无产阶级，就是资产阶级"，两个极端，中性的事物是没有的。它完全抹杀了学生之间的智力差别，把学生成长和学习过程中出现的问题全部归罪于老师（有些话居然还是一些所谓的名教师自己说的），推卸学校、家长和社会在教育未成年人问题上的责任。有哗众取宠之心，无实事求是之意，是一种形而上学的观点。

现代科学研究表明，学生的天资是有差别的，就是有比较聪明和智力比较差的学生，有些学生学习特别努力，学习成绩却不尽人意；有些学生不怎么用功，学习成绩还不错。不承认这种差异，显然不是辩证唯物主义者的态度。当然，这并不意味着把智力上比较差的学生看作差生，放弃老师的责任。相反的，作为老师，我们更应该在他们身上多下些功夫，提高他们的成绩，但这和上面那些"豪言壮语"实质上是根本不同的。学生没有错，"个个都是好"，那不成了天生的"圣人"，还到学校接受教育干什么？提出这种理论的人，连最起码的常识都忘了。世界上没有不犯错误的人，毛泽东这样伟大的无产阶级革命家，在晚年还犯了严重的错误，何况学生呢？我认为学生有错误、有毛病，是正常的，他们就是来学校接受教育的，作为老师，应该耐心地批评教育他们。同时，我们应该承认，教育不是万能的，不是百分之百的学生都能教育好的，也有个别道德品质败坏、屡教不改、甚至走上犯罪道路的学生。如果教育是包治百病的灵丹妙药，那还要纪律和法律干什么？

特别应该强调的是，教育是一个综合治理的过程，需要家长、学校、社会三方面配合。长期以来，有个很有意思的倾向，只要学生出了事，一些热心人，尤其是新闻媒体蜂拥而上，千方百计地想给学校和老师扣上一份责任，甚至有些老师也来"凑热闹"。当然，有些责任是应该扣给学校和老师的，但是，有些责任扣给学校和老师则是某些人为了出风头，故意炒作，惟恐天下不乱。其实他们中的许多人并不是教育工作者，没有和孩子或学生打过很多的交道，也没有参加过中小学教育的实践，根本就不懂教育，还偏偏要装出一付教育行家的样子。他们的有些理论，有些设想很好，看起来很正确，无懈可击，但是无法操作，与实际挂不上钩。如果有人再把这些理论和设想套用了去教育学生或自己的孩子，那就要走上歧途，误人子弟了。如果他们有孩子的话，我相信他们也不会用这些理论和设想来教育自己的孩子的。

20世纪90年代，我看过一篇文章，作者介绍自己是怎样教育女儿的，这位家长支持女儿中途退学，不参加高考，后来她的女儿在钢琴上取得杰出成就。如果把上面的事例作为教育自己孩子成才的一条道路，显然是无可非议的。如果把它渲染成大家都要学习的榜样，就大错特错了。不认真学习文化课甚至退学，与在钢琴艺术上有所成就之间，并没有必然的联系，不是因果关系。绝大多数不好好学习、成绩不好的学生都不可能、也没有在艺术上有所成就。如果真有家长效法上述的事例，为了使孩子在艺术上有所成就，而不关心孩子的文化课学习，只能是东施效颦。各种知识之间都是有联系的，文化课的学习关系到艺术上的成就，要不为什么报考艺术类院校的考生还要参加文化课考试，并且还要规定一个最低录取分数线呢？

无独有偶，前几年，有一位教导主任给我看《畅销书摘》上刊登的一篇文章，文章作者提出："孩子在学校学习成绩不好，肯定不是缺点，相反，可能正是他的优点。"理由是现在学校教育基本上是填鸭式应试教育，学习成绩好的孩子"不会是创造型人才"。作者列举了牛顿、爱迪生和爱因斯坦读书时，考试成绩都不好，爱迪生被学校除名，爱因斯坦中途退学。接着强调："假如某位家长的孩子是爱因斯坦再世，他在学校蔑视老师，考试成绩全班倒数第二。该家长勃然大怒，对其横加贬斥，怒目恶语，其结果不是将到手的给诺贝尔奖得主当亲爹亲娘的资格拱手让给您的邻居吗？"（《郑渊洁父子对话录》，载《畅销书摘》2006年第7期）填鸭式教育也是一种教育方法，属于中国传统教育的一部分，在中国延续了几千年，并非一无是处。当然，填鸭式教育不利于启发学生思维，培养创新人才，需要改进。作者反对填鸭式教育，是可以理解的，但是他并不了解现在学校的教育状况。以偏概全，以点带面，用一种极端的事例和理论，笼统地反对现行的学校教育和家庭教育（作者还在家庭教育方面提出了一些极端的理论，如"合格的父母的标志是，在父母眼中，孩子身上是没有缺点的"），是错误的、形而上学的思维方法。

为了反驳作者的观点，我也给这位教导主任看了一篇文章《饮酒有助于健康吗》，作者云无心批评了"流行病调查"的方法，这种"研究"方式"是为了发现某些现象之间具有相互关联，而不能证明一件事情是另一件事情的原因。实际上，我们可以用同样的'研究'方式得出许多荒唐的结论：如果调查哈佛大学中途退学的学生和完成学业的学生后来的平均收入，会发现中途退学者的平均收入可能比完成学业者要高，于是得出结论'从哈佛大学退学有助于后来获得更高收入'……这个例子的结论很荒唐，但是它的调查和数据可能是真实的。中途退学不是后来收入高的原因，而是中途退学者中有一部分人因为有了更好的机会退学后成为巨富，典型的如比尔·盖茨。"（《东方周刊》2009年第23期）用这种研究方式甚至可以得出"吸毒有益于健康长寿"的结论。前一篇文章的作者就是犯了这种"悖论"：爱因斯坦上学时的成绩比较差可能是真实的，但他后来在科学上作出贡献，并非与成绩差是因果关系。作者引用了爱因斯坦的一句话："因为我蔑视权威，所以命运惩罚我，使我自己也成为权威。"这句话恰恰说明了爱因斯坦获得诺贝尔奖，成为权威，并非是因为中途退学、全班成绩倒数第二名，而是因为"蔑视权威"。作者还把爱因斯坦"蔑视权威"说成"不尊敬老师"，这是两个完全不同的概念。

同样的，学习成绩好的孩子不一定不是"创造型人才"。我教了一两万名各类学生，不尊敬老师、违反纪律、成绩差、不学习、考不上高中、中专和大学、中途退学或被学校开除，甚至上学期间就走上犯罪道路的学生加起来有成百上千，但在他们中间没有出一个爱因斯坦、牛顿、爱迪生，也没有一个搞科学研究，相反的，他们中绝大多数人的工作和收入很一般，甚至还比较差。我记得有人宣传鲁迅没有文学方面的文凭，照样成为中国文化革命的旗手。但是他们没有强调鲁迅放弃医学、从事文艺工作后付出的艰辛劳动，鲁迅说："哪里有天才，我是把别人喝咖啡的功夫都用在工作上的。"可见，没有文凭和文化革命的旗手之间没有必然的联系。还有人讲华罗庚在小学数学考试成绩不及格，后来照样成为数学家。华罗庚在小学的数学成绩及格还是不及格，我没有考证过，不过我想，如果华罗庚的数学成绩总是不及格，从事数学研究工作以后，又不努力钻研、奋力拼搏，是肯定成不了数学家的。最有力的证明就是《名人名言录》上刊登的华罗庚自己说过的话："科学上没有平坦的大道，真理的长河中有无数礁石险滩。只有不畏攀登的采药者，只有不怕巨浪的弄潮儿，才能登上高峰采得仙草，深入海底觅得骊珠。"从这段话中可以看出，华罗庚正因为"不畏攀登""不怕巨浪"，才成为我国杰出的数学家的。毛泽东是湖南第一师范毕业的，既非大学生，也非留学生，用现在的话是中专生。但是毛泽东博览群书，一生与诗书成了亲密的朋友，我两次参观中南海毛泽东故居，一次是1982年7月大学毕业时学校组织的，另一次是1985年1月领着小海陪同我的舅舅参观的。我看到毛泽东的床上就摆满了书，他不但读书，而且把理论与实践相结合，正是因为他把马克思列宁主义普遍真理应用于中国革命的具体实践，提出了"工农武装割据"的理论，从而领导中国革命取得了胜利，建立了中华人民共和国。强调理论联系实际，反对脱离社会、脱离实际去钻故纸堆是正确的。但是如果走到另一个极端，从历史和现实中找出一些特殊情况和特殊人物，否定文凭、否定智力教育的做法也是极端错误的。仅仅用"刘项原来不读书"否定读书、学习的作用，把读书、学习、拿文凭与取得的成就对立起来，甚至一般地反对读书、学习、拿文凭，是一种形而上学的思想方法。

前几年，教育界有些人只赞扬美国等西方国家的教育，全盘否定我们中国的传统教育。我以为这是不全面的，两种教育各有优劣，都适合本国国情，都是不同教育理念的表现而已。美国的教育有它值得我们学习的地方，例如注重孩子的素质教育和个性的发展、培养孩子的能力和自立、自强的精神，体现了家庭和学校民主化等。有一篇文章谈到美国的大学生和中国的大学生的两点最大的差别："第一是独立解决问题的能力，这包括独立思维和动手能力；第二是创新精神。这一点很重要，这是整个高校教学的闪光点，是皇冠上的宝石。"但是，美国的教育有美国的文化背景，它包括美国人的价值观念、历史传统和社会习俗，它的教育体制、教育方法和理论适合美国的国情和美国孩子的特点，如果我们不结合中国的历史和现实情况，全盘硬搬到中国来，不一定能取得显著的效果。我们应该结合我们中国的特点学习这些经验。

有人说，凡是存在的，总是合理的。中国的传统教育，从孔夫子算起已有二千多年的历史了。它能够延续下来，并且不断地完善、发展，说明它还是有合理的部分，是基本上适合我国国情的。从五四运动以来，多次出现全盘否定孔子和儒家思想，包括其教育思想和实践的情况，例如五四运动、五六十年代的所谓"教育革命""文化大革命"中的"批林批孔"运动，实践证明全盘否定是错误的。五四运动以来有人主张包括教育界在内的全盘西化，新中国成立以后包括教育界在内的全盘苏化，都是不适合中国国情，被实践证明是错误的。毛泽东说，从孔夫子到孙中山，我们都要给以批判的总结，承继这一份珍贵的遗产。对于从孔子开始的中国传统教育思想和理论，正确的态度应该是吸取其精华，剔除其糟粕。邓小平提出建设有中国特色的社会主义，我们的教育，包括对孩子教育也应该有中国传统文化和现实国情的特色。

　　必须强调的是，我们现在还是应试教育，还有高考这根指挥棒在指挥。相当一部分的学生还是要通过高考这条途径成才，因此分数和名次对他们来说是非常重要的。说一千，道一万，有时候高考成绩差一分，就会名落孙山。2012年，清华大学在我们新疆汉语言理工类分数线为643分、文史类分数线为608分，即使每年都是三好学生，差一分也只能在清华大学的校门外徘徊，这时候，所有高唱分数并不重要的"教育家"们，没有一个会站出来帮助这个学生进入清华大学的。有这样的国情，我们的教育就首先应该面对这样的现实。作为家长，我第一位考虑的不是什么样的教育理论是正确的，美国的，还是中国传统的，那是教育理论家们纠缠不清的问题，我考虑的就是用什么样的教育方法能达到我的目的：把孩子送进清华大学。作为教师，辅导历史学科的高考，我不管你这个理论，那个原则，我只有一条，怎样把学生的高考成绩提上去，多一分好一分。如果在严峻的现实面前，却要高唱什么评价学生和孩子不考虑成绩，评价学校不考虑升学率，这种人真是典型的"腐儒"，就像鲁迅所批评的"恰如用自己的手拔着头发，要离开地球一样"（《南腔北调集·论"第三种人"》）。老百姓也是不同意的，他们评价一所学校，首先问升学率，有多少学生考上名牌大学。1993年以来，我几乎每天都听到赞扬我们孩子考上清华大学的声音，就代表了老百姓这样一种心声。

　　我的大学同班同学甘于黎说他最佩服我们班的两个同学，其中就有我，理由就是我的两个孩子考上清华大学，其实我在我们班同学中是各方面成就最平庸的一个了，我们班同学有很多佼佼者，是我望尘莫及和引为自豪的。有人提出《中国教育，出路在哪里》，建议取消高考制度，认为"现行教育体制之所以广受诟病，主要是因为高考的指挥棒在作祟"。高考制度有弊病，可以改进，可以完善。如果取消高考制度，在我们中国当前的情况下，一般老百姓，特别是普通的工人、农民的孩子恐怕要与名牌大学，甚至一般大学无缘了，"文革"中取消高考制度的教训还不值得吸取吗？

我在教育孩子的过程中，基本上是遵循中国传统教育的原则的，注重于孩子道德品质的教育和知识的灌输，即韩愈在《师说》中说的"传道、授业、解惑"。"巧妇难为无米之炊"，没有知识的传授，能力培养就是一句空话，而知识和能力又是道德品质培养的重要条件。有人说，中国的传统教育可以培养出国际奥林匹克数学、物理、化学等学科竞赛名次的获得者，但永远培养不出诺贝尔奖的获得者。这种看法可能是正确的，但是，为了获得几个诺贝尔奖，要牺牲掉中国的传统教育和国际奥林匹克学科竞赛的获奖者，那代价就太大了。教育是面向少数诺贝尔奖的获得者，还是面向几亿中国学生呢？

**C．我是如何帮助孩子确立学习上的奋斗目标的**

在我们中国，父母最大的快乐或最大的痛苦几乎都与子女有关，一般家长都是望子成龙、盼女成凤，希望自己的孩子能考上名牌大学，这是中国的人之常情。考一个什么样的大学呢？我们在帮助孩子确定奋斗目标时应该本着面对现实、实事求是的原则，而且根据实际情况，在实践的过程中不断调整。如果过高，容易挫伤孩子的积极性，使孩子感到反正通过努力也达不到，因而放弃努力。如果过低，使孩子觉得一蹴而就，同样起不到鼓励学习的作用。

我和孩子把考上清华大学作为他们的奋斗目标，是有一个过程的。1980年，我母亲领着小海第一次到北京，就住在北京师范大学校园内，我们在参观校园时，一边转，一边鼓励他考到北京来上大学。1981年秋天，我们开始准备毕业论文。我的论文指导老师是杨燕起先生，从确定论文的题目《论〈史记〉十表》，到如何论证、参考哪些书报杂志，都是他给出的主意。第一次就用铅笔写了整整两大张纸，后来又帮助我把论文反反复复地修订了5次，可谓呕心沥血。我第一次去他家，看到桌子上放了一份北京大学的录取通知书，从闲聊中得知他的两个孩子都先后考上北京大学，对我触动比较大，从这个时候起，我就萌发了让我的孩子也争取考上北大、清华的想法。回到乌鲁木齐后，看到周围很少见到考上清华、北大的学生，也很少听到哪位朋友、同事家孩子考上清华、北大。因而，对考上清华、北大这个目标的信心有些不足，这时只是希望小海能考到北京或上海的重点大学。随着知识的积累，学习能力的提高，尤其是80年代中期以后，我经常领小海到各地旅游，我的大学同学总是鼓励他争取考上清华、北大，"青出于蓝，而胜于蓝"。我也改变了原来的想法，希望他能考上清华、北大。但是，这只是一厢情愿，我的想法只有变成他们的奋斗目标，变成他们努力学习的动力，才能实现。小学五六年级以后，小海有时说："我长大了给你和奶奶在夏威夷买一套别墅。"

我说："你要到夏威夷给我和你奶奶买别墅，首先要考上清华大学或北京大学。"有时我也激励他："长江后浪推前浪，我已经考到北师大了，当时我年龄大了，加上教师限报师范院校，没有报北京大学，已经是我终身的遗憾，因为我从小就一直想上北京大学新闻系。你再务把力，考到清华、北大是完全可以的。"通过经常的灌输和各方面的影响，加上他自己的实力不断增强，我的思想终于变成了他的奋斗目标。

1990年7月，他初中毕业了，是报考中专呢，还是报考高中、上大学呢，有人问他，他说："我爸还指望我考清华大学呢，我要报中专，他不把我吃了？"当时的中专还是包分配的。他们年级的前10名中，五个女孩的家长为了孩子先有个工作，以后再考虑学历，都报了中专。包括小海在内的五个男孩都报了高中，这五个男孩后来都考上了重点大学。1993年，小海高中毕业，在高考志愿表重点院校第一志愿栏目内自己填上了清华大学，我说："我们铁二中还没有考上清华大学的学生，你考不上怎么办？"他说："我再考一年，直到考上。"有人不相信他能考上清华大学，说："鸡窝里能飞出金凤凰，还怪呢！"小海不为所动，学校主管教学的副校长倒是说了句鼓励的话："张庆海是我们铁二中第一个吃螃蟹的人，即使考不上，也是光荣的。"小海终于如愿以偿，这一年清华大学在我们新疆招收16名学生，小海以名列第13名的成绩被录取。空想社会主义者欧文指出："奋斗目标决定你将成为什么样的人。"小海拿到清华大学的录取通知书时说了一句话："它将改变我一生的命运。"

　　小海考上清华大学以后，我趁热打铁，故意激励他的妹妹："欢欢，你哥考到北京去了，我们身边总得有个人，你考新疆大学吧，我和你妈有个什么事情，你也好照顾我们。"欢欢很不高兴地说："为啥呢？你偏心我哥。我也要考到北京去。"我心里非常高兴。我的好朋友赵志德先生正在旁边，他说："我看人没错，欢欢不是清华就是北大的苗子。"这句话使欢欢受到很大鼓舞。我们不断地给欢欢灌输高中毕业争取考上清华、北大的思想，在初中学习阶段，欢欢就把考上清华、北大作为奋斗的目标。奋斗目标的确立，对于她在中学阶段的学习，尤其在初中毕业和高中毕业的关键时刻起了重要作用。1996年，她初中毕业，在7月23日的日记中是这样写的："今天去学校看分，是'588＋10'（注：10分是指乌鲁木齐市级三好学生加的分），虽然别人也许觉得很高，但是，全市600分以上的有60多人呢！这真将成为我的遗憾，两分之差，却遗憾这么大，况且我平时还得意洋洋。我想去市重点（中学）的打算在（的）百分比上升了，而继续留在铁二中的打算却在下降，我想在高考中令人刮目相看，看来我现在就要努力了。为自己而拼搏！我的时间不很富裕，还有六个学期、五个半假期，也就是三年，这三年中我一定要珍惜时间，为理想而拚！我的理想就是考上清华、北大，现在说什么都是空话，我最好现在闭上嘴巴，少说废话，以实际行动来代替嘴里的声音，等我拿上清华或北大的录取通知书时，再看吧！"

　　欢欢是1999年7月参加高考的，1998年11月，《新疆都市报》在实验中学理科实验班召开座谈会，欢欢在会上表示非清华大学不上，考不上再复读一年，直到考上为止。与当年她哥的话如出一辙。报上刊登以后，我的许多朋友让我劝劝欢欢，不要把话说绝，万一考不上清华大学呢，其他名牌大学，比如北京大学、复旦大学、浙江大学也很好嘛。我的大学同学李占才也让我劝欢欢报考复旦大学，说上海的条件好，我们有位大学同班同学还是复旦大学党委副书记，有事可以招呼一下。学校征订《招生通讯》，欢欢没有订，老师和同学问她原因，她说我就报清华大学。1999年6月3日，她在写完关于一篇高考文章的读后感以后，写了这样一段关于报考清华大学的话："突然地，有了一种从未有过的担心：要是考不上清华大学怎么办？这个问题来得那么突然，以至于我还没有心理准备，就感到那种揪心的痛。"

"张庆欢，你的自信到哪儿去了？居然还会为招19个人的清华（大学）究竟有没有你的一席之地而发愁！一摸的第五名（指欢欢的高考第一次模拟考试成绩为乌鲁木齐市理科第五名，实际上是第四名）是幸运吗？即使是第十六名（指二模考试为乌鲁木齐市第十六名）的位置，你的前景还是美好的呀！与其为高考担万一的心，不如在剩下的34天里踏踏实实地学习！"颇有点破釜沉舟、背水一战的味道。

《孙子兵法》讲："陷之死地而后生，置之亡地而后存。"考上清华大学的奋斗目标和在《新疆都市报》刊登的高考座谈会上的发言将欢欢置之"死地"，她只有一条路，就是凭着"胜不骄，败不馁"的精神奋力拼搏，勇往直前，实现自己的理想，退路是没有的。高考考试结束，填报志愿，欢欢对我说："第一志愿报清华大学，剩下你就随便填。"1999年8月初，公布高考分数，当时我在长沙，女儿在电话里问我："我要考不上清华大学怎么办？"我说："根据你的分数，考上清华大学没有问题，只是专业不一定理想。万一考不上，你在《都市报》上都讲了，就按你说的办，复读一年，继续考清华大学。"我这是"以子之矛攻子之盾"，因势利导，鼓励她一鼓作气，达到目的。

# 三、为小孩成长创造一个良好的客观环境

# 为小孩成长创造一个良好的客观环境

毛泽东在《矛盾论》中说："事物发展的根本原因，不是在事物的外部而是在事物的内部。"孩子的学习、健康成长主要靠自己的努力，我们老家有句俗话说："打也不成人，骂也不成人，要得成人自成人。"但是，环境也是很重要的，"唯物辩证法认为外因是变化的条件，内因是变化的根据，外因通过内因而起作用。"（毛泽东《矛盾论》）没有适当的温度，鸡蛋就不能变化为小鸡。曾国藩虽然尊重个性的发展，但也承认环境的力量，他说："善良之环境足以使人易于为善，正如恶劣之环境易于使人为恶。考其渊源，盖即墨子所谓'染于苍则苍，染于黄则黄'。亦即荀子所谓'蓬生麻中，不扶自直，白沙在涅，与之皆黑'也。"（转引自何贻焜《曾国藩评传》卷十五《教育思想》）俗话说得好："跟好人学好人，跟巫婆学跳神。""近朱者赤，近墨者黑。"这些说法都表达了一个共同的观点，就是强调了环境对孩子的影响。我这里所说的环境，是指家庭环境、学校环境和社会环境。社会环境不是一家一户所能解决得了的，需要政府和整个社会的综合治理。而家长通过努力，可以给孩子创造一个比较良好的家庭环境和学校环境。

# 1．家庭环境的重要性

　　家庭是孩子的第一所学校，父母是孩子的第一任老师，一个人正是在家里接受最初的、也最具有根本意义的教育——学会做人，学习一些简单的文化知识。父母的教育会在孩子的一生中产生重大影响。孩子能否养成良好的学习、生活习惯和优秀的道德品质，家长有着不可推卸的责任。一般来说，孩子在成长的过程中，经历了挫折，走了弯路，甚至摔了跤，说明家长的教育导向和教育方法也出现了错误。而一个孩子能健康发展、顺利成长为对国家有用的人才，与良好的家庭环境和家庭教育是分不开的。孩子是父母的一面镜子，父母是孩子最直接的榜样，俗话说："有其父必有其子。"虽然有点绝对化了，但是父母对孩子潜移默化的作用，有时却是决定性的。家长应该清醒地意识到这一点，加强自己的品德修养，给孩子作出好榜样。苏联卫国战争中的著名英雄卓娅的母亲说："教育是在每一件琐碎事上，在你的每一举动上，每一眼色上，每一句话上。这一切都可以教育你的孩子：连你怎样工作，怎样休息，你怎样和朋友相处，怎样和不和睦的人谈话，你在健康的时候是怎样的，在病中是怎样的，在悲伤时候是怎样的，在欢欣时候是怎样的——这一切，你的孩子是都会注意到的，他们是要在这一切事情上模仿你的。"

### （1）为孩子营造一个良好的学习环境

家庭环境与孩子学习有着十分密切的关系，培养孩子的学习兴趣和学习方法，家庭环境起着重要的作用。要有所得，首先要有所失，为了孩子，作为家长，得有所牺牲。我们要为孩子营造一个良好的家庭学习环境，必须克制自己的一些欲望、爱好和习惯，不能要求孩子是一套，而自己做的又是另一套。有些家长整天打麻将、打扑克、看电视、打游戏机、上网，却让孩子看书学习、做作业，孩子当然不满意，心理上感到不平衡，另外，也容易使孩子沾染上一些不良的习气。

2004年第11期《畅销书摘》上刊登的王宏甲的文章《新教育风暴》中引用了一位学生写给老师的信："我爸让我好好学习，他自己下了班却在外面，饭局、舞厅、卡拉OK，喝醉了回家，吐得满地都是……"另一位学生写道："我妈一天到晚就是化妆，过5分钟就搽一次粉……"这样的家庭环境怎么让孩子好好学习呢？我的职业是教师，从小喜欢历史，中学阶段又喜欢上古典文学。加上我又爱好买书、藏书，后来两个孩子也喜欢买书，现在我们家有一万多册各种类型的书，可以称为"杂家"。这些书在我教育孩子的实践中起了非常重要的作用。长期以来，我养成了一个习惯，手上不拿本书觉得难受，平常没事就想翻翻书，睡觉前不翻书睡不着，翻累了书一扔就睡了。这对于培养孩子的学习兴趣是一个有利的条件，我记得，两个孩子小时候，我看书，也给他们跟前放上一本书。一两岁的孩子不识字，把书拿颠倒了，倒也学我，一页一页地翻。他奶奶看到以后说："真是跟什么样的人，学什么样的人。"特别有意思的是，他们从来不撕书。我给他们讲张元济先生的一句话："天下第一好事，还是读书。""天下"而又"第一"，可见读书的重要性。在我的影响下，两个孩子也都喜欢看书。宋朝学者黄庭坚说："三日不读书，便语言无味，面目可憎。"林语堂在《读书与风趣》中赞扬："这是一句名言，含有至理。"小海上初中的时候，套用过来说："一日不读书，面目可憎。"把"三日"改为"一日"，鞭策自己。欢欢在初二上学期写的《十四句问答》中说"自己最喜爱的物品——书"；"自己最喜爱的格言——好记性不如烂笔头"；"自己的学习方法——多读多听多问多写"；"自己的缺点——读书太少，知识面太小（窄）"。1993年5月，正是小海高考最紧张的时候，我领了两个朋友回来喝酒，喝酒对孩子的学习还是有些干扰的，房子小，两室加一小厅，总共38平米。我们喝酒又喜欢高谈阔论。等人走了，小海很不客气地说："爸爸，你还让我考清华大学，你又领人回来喝酒，我还怎么复习？"我没有什么可辩解的，只有虚心接受儿子的批评。

　　为了给孩子营造一个良好的学习环境，1983年搬到校园内的平房以后，一直没有买彩电。我原来有一部12寸的黑白电视，上海出产的飞跃牌的，还是我在北京上大学期间买的，1986年坏了，没有找人修，也没有买新的。我考虑到房子小，我们看电视，肯定分散孩子的注意力，同时也容易给孩子造成一种不平衡的心理：你们看电视，让我写作业。我是不爱看电视的，现在有彩电了，除了新闻联播、焦点访谈和一些纪实片、历史题材的电视剧外，一般的节目，我是不看的。但是，我的老伴喜欢看电视，她除了看电视、下跳棋，也没有其它的爱好，所以在长达十年的时间内，她作出了很大的牺牲。在谈到对两个孩子的教育时，我总是说除了爷爷、奶奶以外，功劳簿上有我的一半，也有她的一半。

　　1989年，我们学校有一位教师调到河北沧州，学校把他住过的旧楼房分给我了。不管怎么样，住房稍微宽敞一些了，1993年小海又考上大学走了，这时我打算买一部彩电。欢欢正好从奶奶家过来，知道后，说："我爸爸偏心，我哥考大学走了，他就要买彩电了。"我下决心说："算了，不买了，等欢欢考上大学再买。"1996年8月中旬，欢欢到实验中学上高中，住校，一个星期回来一次，我在这一年12月21日买了部彩电。欢欢在日记里高兴地写道："我家买了个（部）大彩电，29寸国产'TCL王牌'，这可真是一件新鲜事。原先家里没有电视，成为同学们心里的新奇事，如今买了电视，可更新奇了。……按开大彩电的开关，清晰的画面，立体声音，哇！超级享受！我家终于有彩电了！"

## （2）为孩子营造一个健康成长的环境

有人说，孩子变坏可能不是父母做的榜样，但是孩子变好却需要父母的榜样力量。人的性格和习惯是从小在家庭生活环境中养成的，家长是孩子的第一个老师，家长的一言一行、一举一动，甚至一个脸部表情，往往对孩子，尤其是婴幼儿的影响是很大的。有人认为有什么样的家庭环境，就能培养出什么样个性的孩子。黎巴嫩诗人纪伯伦说："如果父母是张弓，孩子就是搭在弓上的箭。"所以作为家长，要时刻不忘自己的言行可能给孩子带来什么影响，是消极的，还是积极的？

为了孩子的健康成长，我从来不带孩子参加结婚的喜宴、朋友之间的酒会以及各种应酬的会餐，因为成人之间的谈话，尤其是两杯酒下肚以后谈话的内容，很多不适合孩子，容易给孩子产生负面作用。以至于欢欢到了十四五岁对我说："爸爸，我还没有下过馆子呢！"为了给欢欢开开眼界，我领她吃了个拌面。小海在上大学以前一直没有下过饭馆。

我还特别注意不在孩子面前议论任何人和评论学校的是非曲折，不讲社会的阴暗面，不发牢骚。对孩子基本上是正面教育，让他们在"光明"的环境中成长，感到自己"在希望的田野上""我们的生活充满阳光"。其实我这个人是爱管闲事，爱发牢骚的。从小学二年级（我没有上过一年级）开始，几乎每个学期班主任给我写的鉴定都有一条：江湖义气重，说我《水浒传》这类旧小说读得太多了。其实，我也看过李锐写的《毛泽东的青少年时代和初期革命活动》，钦佩毛泽东"身无半文，心忧天下"的胸怀。我非常赞同明朝东林党人写的一副对联："风声、雨声、读书声，声声入耳；家事、国事、天下事，事事关心。"学校订规章制度、评职称、升工资、扣奖金，甚至期末工作安排、教师跳槽调动等等，只要我认为不对的，不管涉及还是不涉及我，也不管效果如何，我都要出来"抱打不平"，发表一番见解。关于学校的事情、社会上的传闻，在家里尤其孩子面前我从不吐露半个字。另外，我在学校或其他地方有了气，尽量等到气平息了再回家，不把孩子当作出气筒和受气包，避免在孩子的心灵上留下阴影。这样，孩子从小有一个健康的心理状态，长大以后，处理这些问题的方法上，与我不同。他们对于政治问题和社会现象，尤其是社会的阴暗面，听得多，很少发表议论，更不会主动去谈、去问。而且还经常劝我："你说了不算的，就不要说。"

顺便强调一下，在教育孩子方面，尤其是孩子道德品质的培养教育方面，我的父母亲和我的老伴都是积极配合的，从来没有在孩子面前出现我要管、她们要护的情况，我管教孩子，她们只是劝孩子赶快承认错误；如果我说不行的事情，孩子找到奶奶或他妈，答复也是一样的，这就是在教育孩子问题上的"一元化"或"一致性"。丈夫要教育，妻子反对；妻子要打，丈夫要拉，甚至挺着孩子指责妻子或丈夫管教孩子的方法不对；或者像《红楼梦》第三十三回所描写的，贾政要管教宝玉，贾母护宝玉，这样能把孩子教育好吗？

## 2．学校环境对孩子成长的作用—谈谈择校问题

　　学校、教师对孩子成长有着十分重要、不可替代的作用。曾国藩就强调从事教育，应该有美满的环境。他特别注重教师的人选，目的就是要有一个良好的教育环境。他认为教育的方法往往因教师而异，他对于教师的才德十分注意，并对此很有见地。他说："孔子所说的性相近、习相远、上智下愚不移等话，凡事都是这样的。比如说围棋吧，天生就是国手的人，是那种上乘的智者；学了很久也不知行棋的方法，不知棋子的死活，是下等的愚者。除此以外的人天资都相近，就看他的老师怎么样了。如果老师高明，那学生学到的也高明；如果老师的水平低，那学生的水平也低。再说写字：天生笔姿秀挺的，是上乘的智者；学了很久写出来的字还是和姜芽一样的，是下等的愚者。此外的人，天资都相近，就看他受的教育如何了。"因此他得出结论："凡做好人、做好官、做好将，俱要好师、好友、好榜样。"可以看出，曾国藩的教育思想中，最重视教师的人选。（转引自何贻

焜《曾国藩评传》卷十五《教育思想》)

教师只是学校环境的一部分，学校环境还应该包括学生环境和学校的周边环境。我始终认为重点中学应该说学生是重点，教师不是重点。以2012年高中招生为例，乌鲁木齐市教育局规定普通中学（包括我们69中）的最低录取分数线是485分，而乌鲁木齐市重点中学的分数线均在618分以上，其中最高的学校，如乌鲁木齐市一中达到695分，与我们学校竟相差210分。所以在高考成绩方面，重点中学与一般学校无法相比，仅凭这一点就不能说明教师的水平高到哪儿，或低到哪儿。

当然，我不是说教师不起作用。相反地，我认为教师的作用非常重要。俗话说："名师出高徒。"1992年，我领小海去拜访教过我的物理教师徐敏求老师，他问了几道题，徐老师没有正面解答，而是反问了几个问题，小海豁然开朗。由徐老师家出来后，小海说："这位老师不一般，水平高。"我说："那当然，自治区中学物理教学方面的名师。"同样的学生，教师的水平不一样，教学效果就会有高有低；同样的教师，所教的学生素质不同，成绩肯定不一样。所以同样的教师，看学生的素质；同样的学生，看教师的水平。这就是许多家长在孩子上小学、小学毕业上初中、初中毕业生升高中要择校的主要原因。应该承认，现在重点中学待遇好，选择教师的余地大，相对来说，师资力量要强一些。

不过，择校与其是选择教师，还不如说主要是选择学生环境。一个竞争性很强的环境可以极大地促进学生的学习，你追我赶，稍有疏忽，便要落后，没有固定的第一名，也没有得奖专业户，这样的环境能大大激发学生努力向上的拼搏精神、刻苦学习的奋发精神。而一个缺乏竞争的环境，第一名总是同一个人，把第二名甩得老远，遥遥领先，没有竞争对手；落后的同学自甘落后，没有赶超意识，学习起来没精打采。这样一个环境，又怎么能激发学习的劲头呢？80年代，我们去兵团团场的某所中学参观学习，这所中学的条件很差，桌子和凳子是用木板钉起来的简易桌凳，一间教室有六七十名学生。教师很一般，连本科学历的都很少，但是他们对教学工作都兢兢业业、认真负责。他们给我们介绍经验："我们要不好好工作，就要到连队去，早上太阳还没有出来，就要下地干活，下午太阳下山了才收工，并且工资没有保证。我们团长说了，一定要保证教师的工资。"而学生为了考上大学，都奋发努力，刻苦学习，竞争性很强，他们说："我们要不好好学习，将来只有修地球。"因此这所中学每年的高考上线率很高，是我们铁二中的好几倍。尽管它交通不方便，离五家渠还有几十公里，条件不太好，乌鲁木齐还是有不少学生转到这儿来上学，我们学校一位副校长的孩子就转到这儿来上学，其目的就是为了有一个好的学生环境。

　　说到学校环境，就涉及到择校，经常有人问我："你的孩子是在哪儿上的小学和中学？"小海一直在西站上的学，在铁九小上了一、二年级，因搬家，三年级转到铁三小。小学毕业后进入铁二中，一直上到高中毕业。欢欢的小学和初中阶段也是在西站上的，小学一直在铁九小，初中在铁二中。孩子年龄小，到别的地区上学有不少的困难，我也不放心。有几次，我从城里开完会回家，路过二宫，看到铁路局医院门口有几十名学生在等班车回西站，其中绝大多数是初中学生，还有十几个小学五六年级的学生。我听有些家长说，铁二中的教学质量不高，小学五六年级把小孩转到二宫地区的小学，以便小学毕业后能上个好一点的中学。这样的目的可能达到了，但效果不一定好，这是家长在教育上的一个误区：第一，二宫地区的小学、初中没有给学生安排住校，孩子来回跑，把大量时间全浪费在路上了，到了冬天，就更辛苦了，早上七点多钟，天还没有亮就要起床，冒着严寒去上学，下午放学还回不了家，等乘班车到家，天已经黑了，赶紧吃饭，还得抓紧时间做作业，上床睡觉已经十一二点了，一天能休息几个小时？把时间全耗到路上了；第二，小学和初中的学生没有很强的辨别是非的能力，离开了家长，容易染上一些坏毛病。例如中午吃过饭，孩子没有地方去休息，与几个同学在一起，三五成群的，有些上网吧，有些打架惹事。不发生重大事情，家长是不知道的。等到知道了，问题已经不太好解决了，这时候有些家长觉悟了，把孩子转回铁二中，有些孩子已经沾染上坏习气，再想管教就比较困难了；第三，到重点中学上初中，如果分不到重点班，还不如在普通中学，像我们铁二中的初中都是平行班，按学生成绩的好坏搭配分好班后，由班主任抓阄；第四，我认为小学和初中阶段属于打基础的阶段，没有必要择校，教师主要是按照教学大纲的要求给学生传授知识，严格管理学生、督促学生学习，而学生应该把教师传授的知识学到手，不要在学习上落下来就行了。出于上述原因，小海、欢欢在小学和初中阶段，我从来没有想过给他们择校，尽管当时有不少人出于好心动员我给孩子择校，我坚持自己的意见，没有动摇过。

1990年7月，小海初中毕业，该上高中了，我决定把他送到重点中学。但是，当时乌鲁木齐市教委（即现在的市教育局）有一条规定，市属中学毕业的学生可以根据自己的学习成绩择校，而兵团、铁路局所属中学毕业的学生则没有这项权利，只能在本校上高中，这给我的择校设想的实践带来了一定的困难。我找了一两所重点中学的教务处，他们对小海的中考成绩倒没有什么意见，但都打着官腔说："你能到教委把黄卡（学生初中毕业考试成绩单，是学生上高中以及以后参加会考的依据，因为纸是黄色的，故称黄卡）拿来，我们就要。"这明摆着是给我出难题，我哪儿有这个本事？当时市教委的人，从领导到普通工作人员，我一个也不认识！说句难听的话，教委的衙门在哪儿，朝哪个方向开，我都不知道，找谁拿黄卡啊？我只好让小海就在铁二中上高中！事情往往要从两面来看，"塞翁失马，焉知非福"。择校的失败对小海也是个激励，他知道我没有任何关系，只有靠自己的努力奋斗，才能实现考上清华大学的理想。在整个高中学习阶段，他一直是比较勤奋、刻苦学习的，我很少督促；相反的，我还劝他注意劳逸结合，不要把弦绷得太紧。有些邻居说我们家的灯经常亮到半夜一两点钟，其实那就是小海房间里的灯，孩子学习的自觉性就体现在这儿！所以我经常给学生讲，学习是自己的事情，你什么时候知道学习是自己的事情，你就懂事了。小海考上清华大学以后，有人说小海就是一直喝我们西站的水考到清华大学去的，是我们西站土生土长的清华大学的学生。

1996年7月，女儿初中毕业了，到哪儿上高中提到议事日程上来了。我们办公室的一位物理教师曾经给我说过："是金子在哪儿都闪光，张庆海不就是在铁二中考上清华大学去的吗？"这位教师教过小海，与我关系不错，他的这句话对我挺有启发，我决定欢欢就在铁二中上高中。但是，这时的情况和1990年大不一样了，我的朋友和我们北师大的校友有好几位已经调到市教委工作，有的还在领导岗位上。7月30日，他们向我通报了一个信息，国家教委在北师大实验中学、北大附中、人大附中、华东师大附中各办了一个理科实验班，要求各省市自治区也办一个理科实验班。经自治区教委（即现在的自治区教育厅）批准，实验中学要办全疆第一个理科实验班，面向乌鲁木齐、石河子、吐鲁番等10个城市招生，共招收45名学生。除了中考成绩外，还要进行招生考试，并以招生考试的成绩为准，考上实验班的学生不参加会考，不受黄卡的限制。为了使实验班出成果，实验中学决定抽调业务能力最强的教师任教。真是"天不灭曹"，什么师资力量、学生环境、黄卡问题，这一下全解决了。不过，8月1日就要考试，第一天考数学、物理、化学，第二天考语文、英语。总分400分，其中物理、化学为一张试卷，共100分。对于欢欢来说，离招生考试的时间只有两天的复习时间。我鼓励欢欢："上帝是公平的，大家复习时间都短，不是你一个人时间短，努力奋斗吧，这是你跳出铁二中的最好机会。你的基础比较好，去试试吧。我想一定会成功的！"欢欢很高兴，理科实验班给她带来了实现美好理想的希望：

"如果考上了这个班，上大学不过是小菜一碟，我呢，考清华北大的愿望也可以实现啦！""祝我好运吧！我会拼的！"欢欢没有辜负我的期望，她终于实现了择校的目标。以312分考入理科实验班，据说名列第7名，其中语文85.5分，英语84.5分，数学75分，物理48分（满分为70分），化学19分（满分为30分）。从成绩来看，数理化弱了点。8月10日，欢欢得到录取的消息后，非常高兴，在日记中下了决心，"在实验班里一定要争气，努力！努力！再努力！而且，我还要锻炼身体，好的体格是健康的本钱，坚持！坚持！再坚持！"（1996年8月10日）"既然成为一名实验中学的学生，就应该为自己的理想而拼搏，这时不是说大话、空话的时候，我会拿我的行动来证实的。也许我还要接受更艰苦的考验，但我相信，每一次考验过后，我都会变得更加坚强，更加成熟。"（1996年8月30日）欢欢起了带头羊的作用，她是铁二中第一个通过考试跳出去的初中毕业生，从第二年开始，每年铁二中的初中毕业生中都有人考上实验中学理科实验班，或到乌鲁木齐市其它重点中学高中部，黄卡失去了昔日的作用。铁二中的学生终于通过自己的努力挣得了公平的受高中教育的权利！

欢欢择校这一步棋走对了，她在整个高中学习阶段，从教师水平、学习资料，到学校、学生环境，我都没有操过心。1999年8月，欢欢和她们班的另一位同学考入清华大学。所以欢欢只能算西站半个土生土长的清华大学学生。

从培养孩子成长的实践中，我还是倾向于择校。现在的基础教育逐步呈现两极分化的格局：重点中学越来越好，普通中学越来越薄弱。在这种情况下，家长和学生更应该把择校作为一个重要的问题来考虑，因为我们必须面对现实，实事求是。学习当然主要靠孩子，但是，教师的作用、周围环境的影响也是不可忽视的重要因素。如果小海当初能到一所重点中学的高中学习，一来我也不会为他在学习中遇到的各种问题操那么多心；二来他的高考成绩还会进一步提高，在自治区理科成绩的名次上还会提前，这从他到清华大学以后的学习情况可以说明这一点。有人提出要面向全体学生，不要办重点中学和重点班，这个意见是正确的，我完全同意。这样有利于孩子的成长，尤其有利于学生素质的提高。但是，在当前到处严重存在着重点中学和重点班的情况下，如果一些成绩优良的学生还是在普通中学或重点中学的普通班学习，就不利于他们智力、才华的充分发挥，说白了，就是会影响他们的高考成绩和录取，将对他们的一生产生重大影响。

# 3. 社会环境对小孩教育的影响

　　除了家庭和学校的教育，社会对孩子成长的影响也是不可忽视的。良好的社会风尚、善良的人和事情就会使孩子感到"解放区的天是晴朗的天，解放区的人民好喜欢"，从而有助于他们的健康成长。

　　有一年暑假，欢欢在回家的路上见到一位中年妇女一会儿把扔在路上的瓜皮捡起来，一会儿把扔在路上的纸捡起来，后来又打扫路上的驴粪，这件事使欢欢感触很深。后来她在日记中说："也许我们正需要这样'多管闲事'的人，但愿我以后也能做一个这样的人，我会努力的！"还有一次她从实验中学回家，乘火车到了西站，当时是冬天，正下着大雪，天冷，路滑，决定搭黄包车。她问多少钱，黄包车师傅爽快地说："小姑娘，上车吧，一元两元随便给，不给就当我送你。"欢欢给他车钱时，他幽默地说："哟，小姑娘，还挺大方噢，那就得谢谢你啦！"临别时又说："小姑娘，再见！"这样一件小事使欢欢非常感动："我从他那里得到了无限的欢乐，彷佛心胸一下子开阔了。如果人人都彼此微笑地面对对方，那世界不将处处温暖了吗？人人不也愉快了吗？"还有一件事使欢欢终身难忘，那就是1999年7月参加高考，她不让我和她妈去陪她，说："你们一去我就紧张。"高考结束了，她回来给我讲她们的考场在八一中学，第一天高考，她和同学一出实验中学校门，就遇见雷锋车队的出租车司机，免费拉参加高考的学生。这位司机太好了，约定好时间，一连拉了三天，临分手时祝她们考个好成绩，问他姓名，也不说，孩子又没有经验，不知道记车号。欢欢拿到清华大学的录取通知书后，还说："要是那个司机叔叔知道了，肯定很高兴，他一再祝我们考上名牌大学。"这些小事都对孩子优良品质的培养起了很好的教育作用，她说："我原来还以为现在的人都钻到钱眼里，没想到还有这样的好人。"一般的残疾人大多驼着背，把头埋得很低，似乎害怕别人嘲笑。有一天，欢欢见到一位残疾人虽然只有一条腿，但昂头挺胸，目光直视前方。欢欢从他坚毅、刚强的表情和一双炯炯有神的大眼睛中感到了信心和力量。"只要心不残，志不残，照样是好样的！"甚至欢欢去洗澡，在放衣服的柜子紧张的情况下，一位不认识的服务员热情地帮助她找柜子，好像一股春风吹进了她幼小的心灵，留下了一片光明和善良的感觉，"心里不禁一阵暖意，她真好！"。

相反的，社会上的一些阴暗面给孩子留下的却是不和谐的音符。一次欢欢与她的表姐韫韫进城，从乌鲁木齐火车站上了一辆8路公交车，车上售票员的服务态度特别坏，不文明的声音不断地传到她们的耳朵里："买票了，买票了，自觉一点儿……你耳朵是不是有毛病了？……六毛！你是不是外国人？……哎哎哎，这是谁的东西？放到那儿去，快点！……怎么还没放好，你残疾呀你？"欢欢又看到被她骂的那个民工老实委屈又不敢吱声的模样，心里想：可能今天不是文明礼貌日了吧？真不该上这辆公共汽车。一次欢欢去商店花15元钱买了一双皮鞋，只穿了一天就坏了，这么一件小事居然使她感到："这世界越来越虚了，骗得我扔了15元钱，买了个新鲜！哎！"有一次，欢欢去网吧找同学，门口挂着一块牌子："未成年人禁止入内。"她犹豫了，但还是试着喊了喊，这位同学出来了。欢欢指着那块牌子问他，他笑了笑说："那块牌子嘛，是给检查的人看的，里面全是学生。"说着，撩起门帘，里面果然全是学生。在当天的日记里，欢欢发表了她的想法："那些三级电影电视片，标的是'未成年人禁止观看'，而赚的恰恰是那些未成年人的钱，这是打着幌子罢了，只要你有钱，'禁止观看'都见它姥姥去吧，只要你有钱，可以变'未成年'为'成年'。"我们家长和老师几个月，甚至几年给孩子的思想教育，就被社会上这样一两件事情全部或部分抵消了，所以我们强调教育孩子、教育学生要学校、家庭、社会综合治理就是这个道理。

　　社会对孩子的影响、教育是表现在多方面的，比如一篇好的课文、一部好的小说或电视起到的作用也是非常深远的。欢欢在高一下学期学了语文教材上夏衍写的《包身工》，使她受到了深刻的教育，通过与包身工的对比，感到学习、生活的快乐，"倘若原先我对宿舍、食堂的条件有所抱怨的话，那么现在却一点也没有了。我们应当意识到我们正处于幸福之中，因为只有这样，才能视苦为不苦，才能在快乐中学习。"看了电视连续剧《单亲之家》，欢欢特别感动。她说："一个孩子多么需要母爱，他们为了得到母爱，为了找到母亲可以跋涉千山万水。今天的《单亲之家》让我看得泪流满面。小丢丢为了找他梦中的妈妈——红豆阿姨，逃学去广播电台，他为了不破开捐给红豆主办的'红嘴鸭'的20元，决定走路去，当他走到广播电台后，竟晕倒在电梯旁。多么令人感动，他只是为了从未见过的梦中的妈妈，走得两脚满是血泡。我又想起了《小龙人》上的那首歌：'为了妈妈，山高我不怕，为了妈妈，路远我不怕……'还有《尼尔斯骑鹅旅行记》的'我要找爸爸'。我真该骄傲，感到幸福，因为我的父母都在关心我，爱护我，我将珍惜这份爱。"

# 四、培养健康的学习心理和竞争心理

# 1. 培养健康心理的必要性

如何对待孩子的学习呢？首先要培养孩子的健康心理。现代科学认为，健康应该包括生理健康和心理健康，并且心理健康比生理健康更重要。关心孩子的心理健康是作为父母最需要做的，为了孩子的正常发展，不使他们在长期的学习和成年以后的工作中出现心理障碍，平时，我注重于培养孩子健康的学习心理、竞争心理和其他方面的心理素质。

健康的学习心理和竞争心理表现在学习上就是"胜不骄，败不馁"，考好了，认识到天外有天，人上有人。往长远看，要看到高考是全疆的竞争；考不好，我经常以"胜败兵家常事"来安慰孩子，我曾经引用俄罗斯的一句谚语来鼓励他们："鹰有时比鸡飞得还低，但鸡永远也飞不了鹰那么高。"我用我的亲身经历和体会来教育他们。1978年我参加高考，以自治区的文科状元考入北京师范大学历史系，自我感觉良好。北京站下车后，我在站前广场的北师大接待站正好遇见我们班来报到的几个同学，他们问我考了多少分，我说："415分（当时满分为500分）。"他们说："还是老三届（指1966－1968届高初中毕业生）的厉害！"等我到学校报到，我才知道，我们组的杨鹏程高考考了437分，我的数学考了81分，他的数学居然考了100分。杨鹏程是从湖南考来的，我们俩年龄相仿，经历相似，很能谈得来，关系一直比较好。过了几天，我又听说，我们班的学习委员王石天高考成绩达到445分，是我们班最高的，据说，他还不是河南省文科第一名。这件事给我留下了终生难忘的印象，也成为我教育孩子最生动的材料。"强中更有强中手，莫向人前夸大口。"

培养孩子健康的竞争心理也是很重要的，因为孩子将来面临的竞争不仅仅是能力的竞争，还将是心理素质的竞争。而孩子的心理素质，决定于父母对待孩子的方式。我鼓励孩子竞争，我赞成排名次。不排名次，怎么鼓励竞争呢？一个国家，一个民族，没有竞争，就不会有社会的进步，经济的大发展。一个人如果没有竞争的意识，那他就会丧失进取的意志，安于现状，甘于平庸，养成惰性，最终碌碌无为。一个群体或一个企业没有竞争意识，就会逐步走向懈怠、相互依赖和潜移默化地丧失活力、丧失生机，甚至走向腐败和堕落。我们不能因为有些学校、老师和家长不能正确对待孩子的学习成绩和名次，出现一些不尽如人意的事情，就不敢提竞争，取消排名次，这实际上就是因噎废食。汽车经常发生交通事故，每年因车祸死亡的，全世界要达到上百万人，仅仅我们中国就超过10万人，那我们是不是把汽车废掉呢？不但没有废，相反的，汽车工业还在高速发展着。何况，我们现在所处的时代就是一个竞争的时代，未来的社会，竞争将更加激烈，它要求人们去迎接和适应这种竞争。竞争的结果必然是优胜劣汰。问题不在于给不给孩子灌输竞争意识，而是我们怎样正确对待竞争，如何培养孩子正确的竞争意识。即使在中学阶段人为地消除了竞争，到大学阶段，大学毕业报考研究生或谋求职业，也有竞争。走上了社会，在工作岗位上，竞争更加激烈。如果没有健康的竞争心理，终究适应不了，还可能出现更严重的后果。

分数、名次是客观存在的，平时测验、期中考试、期末考试、中考、高考等，分数总是有高有低，名次总是有前有后。即使学校和老师讳莫如深，学生之间，自己也会互相了解、比较。关键的问题是学校、老师和家长如何引导孩子正确地对待成绩和名次。我们不应该给孩子规定一个通过努力永远也达不到的成绩和名次，更没有必要施加压力甚至暴力，强行要求孩子达到；而是要求孩子通过竞争，取得好成绩、好名次，再接再厉、继续前进；成绩和名次不理想了，要鼓励孩子不怕挫折和失败，总结教训，继续努力，使孩子能够在宽松的环境中学习，参与竞争。

在我的教育下，孩子积极参与竞争，在学校和班级的社会活动中竞争，在学习上竞争。欢欢参加了住校生生活部长的竞选，她的竞争演讲赢得了热烈的掌声，她充满了信心，从头到脚每一个细胞都拥挤着快乐，感到彻头彻尾的轻松，从来没有这么高兴过。这就是孩子自信、自尊、自强的表现！在竞选成功后，欢欢在日记中兴奋地写道："人们说：'生命的意义在于运动。'我想说：'生命的意义在于竞争。'真的，如果人类缺少了那种你追我逐的竞争，人类的历史还会迅速地发展吗？"有些竞争结果虽然没有达到预期的目的，但她也没有泄气，正如她自己说的："真正的喜悦是在于进取的过程，而不在于胜利的果实。"1998年，她又参加住校生管理委员会主席的竞选，仅以一票之差当选为副主席，她只是感到很遗憾，说："肯定是因为我在演说的过程中打了个顿。"我不失时机地安慰她："副主席比主席好，有些领导干部宁当副职，不当正职，待遇一样，还少操好多心。"健康的竞争心理，还可以使孩子在竞争的过程中，与同学互相帮助，共同进步。

## 2. 如何培养孩子的健康心理

　　要培养孩子健康的学习心理，首先要教育孩子树立起对学习的信心。美国人爱默生说："自信是成功的第一秘诀。"帮助孩子树立了奋斗目标，还要帮助孩子树立实现目标的信心和勇气，也就是在任何时候、任何情况下，都不能灰心丧气，被困难和失败压倒，而应该百折不挠，努力拼搏，不达目的，誓不罢休。

　　2004年第19期《新华文摘》上刊登了王宏甲的文章《走向新教育》，上面有对北京市教育学院石景山分院张逸民院长的一段采访。张院长提出了"正螺旋状态"，强调成功感和自信心的关系。"成功感"是"自信心"的基础。没有成功感，就没有自信心；考试考好了，就有了成功感，一次次强化成功感，而一次次的成功又强化了自信心。深刻的成功感，使学生即使在遭遇挫折时也会对其给以持续的支持。这样，这个学生就进入了一个学习的"正螺旋状态"。这就是上升的状态，也就是所谓的良性循环，他就步入成功的轨道。他认为，我们的许多学业优异者、成功者就是在"正螺旋状态"下培养出来的。反之，一个学生遇到困难和挫折，不被理解，反而遭到嘲笑和批评，如果一次又一次经历挫折和失败，遭受批评，得不到使他战胜困难的必要的鼓励，他的自信心就会逐渐丧失，对学习的兴趣就会越来越淡薄。一次次的打击，造成厌学，必然没有自信，丧失求知欲，这样就步入了一个"负螺旋状态"，这就是下降的状态，也就是恶性循环，这样就有可能会产生失败的学生。因此，我们要注意培养和保护孩子的求知欲、成功感和自信心。作为家长，对于孩子的学习要多关心、经常过问，在了解了孩子的学习状况后，要注意多表扬少责骂，多鼓励少挖苦，也不要和别人家的孩子攀比。这样就能使孩子产生幸福的感觉，增加他奋发学习的勇气和信心，促使他努力上进。

我见到不少家长借口没有文化，"不能辅导"，对孩子的学习不闻不问，从来不参加家长会，也不到学校了解孩子的学习情况。有一次，我遇到一个家长，孩子已经上到高三了，他还不知道班主任姓什么，我开玩笑地说："你对孩子也够负责任的了。"他说："有我老婆管就行了。"我说："你的责任呢？教育孩子应该是你们俩的共同责任。"他笑了笑。等到孩子学习落后了，有些家长继续"顺其自然"，不闻不问；有些家长对孩子轻则责骂，重则殴打；还有些家长，当孩子学习好的时候，还能够鼓励、表扬，一旦孩子学习滑坡了，就沉不住气了。我们应该知道孩子在学习的过程中，并不总是一帆风顺的。即使是学习成绩很优秀的孩子，有时候也会遇到挫折，在学习上，没有"常胜将军"。我们要教育孩子正确认识失败和挫折对人生成长的意义，鼓励他们克服困难，战胜挫折，继续前进。这样孩子养成习惯了，自己就能从失败中总结教训、坚定信心、继续前进。

小海上高中以后，一心想通过物理竞赛达到保送清华大学的目的，得到学校领导和一些老师的支持，因此几乎把全部精力放在参加奥林匹克竞赛上，重点攻物理难题。铁二中不是重点中学，没有专门老师辅导，他主要是靠自己摸索，结果名落孙山。他们班的一位同学获自治区三等奖，学校召开了表彰大会，给这位同学披红挂绿。这位同学是小海的好朋友，1993年参加高考，考入新疆大学物理系，1997年大学本科毕业，考入北京工业大学攻读硕士研究生，2000年去美国攻读博士研究生。我经常用这位同学成长的过程教育学生，新疆大学也有许多杰出的学生，进入大学后，主要靠自己的努力实现既定的目标。小海打算通过保送上清华大学的希望破灭了，我怕他难过，安慰他，帮助他找失败的原因。他的物理教师通过关系到新疆师范大学查了他的试卷，他在答题的过程中，把一些简单的问题考虑得太复杂了，造成失误。但是他没有泄气，而是总结了教训，一心一意地努力，在1993年高考中，物理取得了85分（满分为100分）的好成绩，终于"金榜题名"，实现自己"非清华大学不上"的理想。

再好的学校，再好的班级，都有倒数第一名，实验中学理科实验班也不例外，尽管实验班的最后一名比同年级的最后一名要高出100多分，但也有最后一名。排到最后一名的学生如何正确对待自己呢，是考验其心理素质的重要内容。有些学生初中阶段在本地区、本学校是优秀学生，甚至是前几名，而考到实验中学以后，在理科实验班暂时排到后几名，这本来是正常的。只要有健康的学习心理和竞争心理，通过努力学习，是有可能逐步改变这种状况的。而有的学生为了某种虚荣，经不住这后几名的考验，欢欢她们班先后有三名男同学默默地走了，回到了他们原来的学校。欢欢认为"堂堂男子汉，这点打击都受不了，又何以成大事呢？……这一代青少年最有必要具备的就是健康的心理素质，不能遇到一点困难就爬不起来，心灰意冷，这样是永远干不出什么大事来的"。作为家长和老师，教育孩子参与竞争，必须同时培养孩子有一个健康的竞争心理，"攻城不怕坚，攻书莫畏难，科学有险阻，苦战能过关"。充分认识自己、充分相信自己，永远对自己说：我行！

我教育孩子要正确对待学习成绩和名次，有时竞赛成绩不理想，一等奖、二等奖、三等奖，甚至没有奖；平时期中、期末考试排名次，没有排上第一名，甚至排到第10名以后。我并没有过多地去责怪孩子，相反的，以鼓励为主，让他们正确对待。小海在小学六年的学习中，只当过两次三好学生，没有排到过年级前10名。我手头保存的小海在六年级第一学期的《小学生手册》，上面记载着期末总评成绩："语文85.5分；数学95分；历史98分；体育、音乐均为75分；美术85分；自然99分。"操行评语上的缺点是："纪律松弛，学习不踏实，书写不认真。"初中阶段，只当过一次三好学生，只有一次排到年级第10名，其余均名落孙山。高中阶段，也不是每一次排名次他都在第一名的。他在关键时刻有两次大的飞跃，一次是初中毕业升学考试，一下子跃到学校第二名，乌鲁木齐第三四十名，900分满分的甲卷，他考了826分；600分满分的乙卷，他考了565分。另一次就是高考，清华大学录取的16名考生中，他名列第13名。在进入大学时，其成绩在班上排第25名，大一学年结束时为第11名，大二学年结束时跃居班级第1名。欢欢在小学跳了一级，由四年级跳到六年级，初一上学期期中考试，没有排上年级前10名。许多老师让我回来好好说说她，我不但没有批评她，反而安慰她、鼓励她："没有关系，胜败兵家常事。从长远看，我们欢欢会超过他们的。好风凭藉力，送你上青云。"在初中毕业、升学考试中，欢欢跃居铁二中第一名，但是在乌鲁木齐市排名60名以外，欢欢考了598分，而乌鲁木齐市在600分以上的学生整整有60人。这仅仅是乌鲁木齐，还没有考虑全疆的尖子生，当时清华大学在新疆只招收十几名学生。在高中阶段的学习中，欢欢为实现自己的目标还要付出艰巨的努力。1999年欢欢参加高考，又往前跃了一大步，理科成绩在自治区排第40名，在清华大学招收的22名考生中，名列第18名，录取到清华大学土木工程系。她们年级共123人，她排第102名。到大学本科毕业，前进到第50多名，进入保送研究生的行列。

我教育孩子的指导思想是，着重于知识的灌输和能力的培养，男孩子粗心，在小学一二年级，没有必要花费大量的精力，去争取什么双百。只要能得个八九十分就可以了。这样省下来的许多时间，让他阅读大量的课外材料，扩大知识面。1982年7月14日，乌铁九小发的《家长通知书》上记载一年级四班学生张庆海的成绩："语文96分；数学98分；军体100分；唱歌99分；美术80分。"操行评语里缺点一大堆："不能严格要求自己，上课爱说话，有时做小动作，能完成各科作业，但书写较乱。……不够虚心，以身作则差，有打架现象。"在他以后的学习中，我要求他的学习成绩保持在中上等，但是，要不断地在课外知识的扩大和能力的培养上加码。好像长跑，真正的行家不是一开始就以百米速度冲在最前面的，而是养精蓄锐，不紧不慢、不慌不忙、一步一个脚印，眼睛盯着第一名，到关键时刻，加快速度向终点冲刺。对于一个马拉松运动员来说，跑得快不算什么，他需要更高的综合素质，首先是身体健康，其次是要有意志力、耐力，还要有统筹全局的能力，要有战略和战术眼光来安排自己的体力。而在我给孩子设计的学习目标实现的过程中，一次或几次的学习成绩或名次不是主要的，而学识、知识面、意志、情感、态度、品格等才更为重要。对于女孩的学习也是这样，从来不要求她拿什么双百。

说句心里话，我也希望孩子每次考试都拿第一名，每次竞赛都获得一等奖，然而，希望毕竟是希望，世界上没有完全顺心的事情，我们需要的是面对现实，要考虑怎样正确对待成绩和名次才能有利于孩子的健康成长。我们不能以成败论英雄，更不能以一次成败论英雄。在这一点上，司马迁很值得我们学习，他在《史记》这部史学巨著中为胜利了的英雄刘邦作了"本纪"，也为失败了的英雄项羽作了"本纪"。以后历代的历史学家很少有这样的见地和胆识了。在我们今天的教育中，不少家长和教师就是以成败论英雄，还有个别家长和教师甚至是以高考一次成败论英雄的。我在1994年11月12日的日记中写道："欢欢明天要参加语文竞赛，老师通知晚了，我帮助她复习文学常识。晚上吃饭时，她问我如果取不上名次怎么办，我说："取不上名次没有关系，胜败兵家常事，没有常胜将军，不过你要细心。'她听了，很高兴。"过了一个月，公布竞赛成绩，果然没有取上。我还怕她难过，安慰她，她说："没关系，不会影响我的学习"。

### 3. 支持女儿冲破"重男轻女"的旧观念

　　我们中国的封建专制制度在20世纪初就已经被孙中山先生领导的辛亥革命推翻了，但是各种类型的封建思想，尤其是宋明理学家们宣传的重男轻女、歧视妇女的思想至今还残留在人们的脑子里，有些还是很严重的。

　　欢欢在奋斗的道路上，比小海多了一层阻力，也就是要突破人们尤其是家长和老师头脑中的"重男轻女"思想。欢欢对于"重男轻女"的观念和思想特别反感，她把这种"反感"化作拼搏的动力。有一次，一位亲戚喝了些酒，给她讲"女子无才便是德"，这时候欢欢已经上初三了，对这种"重男轻女"的思想进行了争辩，为了说服这位亲戚，举了很多历史上和现实中女子一样能成才的事例，这位亲戚把头摇得跟拨浪鼓一样。她很气愤，在当天的日记中尖锐地批驳了这种"重男轻女"的思想："为什么不说'男子无才便是德'？男子有什么了不起？男孩必定比女孩强？谁下条文规定的？难道还有法律某章某节某段某条规定了不成？哼，看我的行动吧！"最后她承认"我的情感从未如此强烈过，不写实在难以抒发这闷气。"（1996年1月5日）不过这位亲戚是个工人，只是说说而已。而老师就不一样了，俗话说："为人师表"，因为学生把老师"圣人化"了，所以老师流露出来的"重男轻女"思想和言论，对学生所产生的消极影响就更大了。在初三的日记里，欢欢记载这样一件事：有一次物理课上，老师让她和另一位女同学上去做示范，因为没有听懂老师的意思，只摆对了第一个，不会第二个。老师叫她们下去，她的心里觉得很别扭，偏偏这时老师又说了句带总结性的话："女同学一接触这类知识就有点差了。"说的人无心，听的人有意，这句话给欢欢本来就别扭的情绪无疑是火上浇油，她着着实实气了好一会儿。后来"消了气想想，气有什么用？用实际行动去做嘛！我并不承认女同学上了高中后不如男生，也不相信上了高中，女生就彻底落在男生后面。我不仅现在不信，以后也决不会信！我会以我的实际行动说明：女生不比男生差！"从这件事上，我们老师应该吸取教训，讲话，尤其是概括性、总结性的结论要仔细斟酌，三思而后讲，避免在无意中刺伤一些女同学的自尊心。

为了向"重男轻女"的偏见挑战，欢欢在1997年1月14日的日记中下定决心："下个学期，我要奋斗、拼搏，学习上超过男生！这是我的目标，我要让所有男生的成绩在我之下！！……我向全体男生挑战！永争第一，提高自己。"经过一年的努力，到1998年1月，欢欢终于如愿以偿，尝到了胜利的喜悦！我当时在天津，是通过电话知道的，我的日记记下了我们父女两人喜悦的心情："给欢欢打电话，得知欢欢的期末考试成绩跃居全班第一名，心中的高兴不是用语言可以形容的，好像三伏天吃了冰淇淋，进了空调的房间，说不出的舒适。其实，欢欢让我猜的时候，我从她的自豪而兴奋的问话中，已猜出第一名，但为了让欢欢使我惊喜的目的实现，我故意猜了第二名。欢欢问我：'你为什么不猜第一名？'我说：'你们班长每次都在你的前面，我不敢猜。'我又按照惯例，叮咛了几句'胜不骄，败不馁'的话。"

# 结束语

　　作为家长教育孩子，作为教师教育学生，最重要的是要把自己放在与他们平等的地位，尊重孩子，尊重学生。实际上，家长和孩子、教师和学生在法律上、人格上都是平等的。作为一名教师，尤其是老教师，只要学生喊"老师好""老师再见"，我一定会响亮地回应一声"你好""同学再见"。逢年过节，学生给我寄上一份贺卡，我认为这是学生对我教育他们的肯定，是对我的尊敬，我一定要回一份贺卡或其它的礼品，而且把学生送的贺卡都很用心地保存下来，有时候拿出来看一看，感到一种成就感和满足感。我现在保存了上百份贺卡，其中有20多年以前学生给我写的信和送我的贺卡。逢年过节，我都要收到大量在校的或已经毕业的学生的信息，我总是一条一条地回，不打"排子枪"，我觉得这样才能表达我对学生的爱。我教了40多年书，各类学生教了上万人，我经常说学生最好了，如果有来世，我还要当中学老师。家长与孩子、教师与学生的平等地位，还表现在要正确对待他们的批评上。孩子接受家长的教育，学生接受老师的教育，这无疑是天经地义的事情。但是，"金无足赤，人无完人"，家长在教育孩子、教师在教学和管理学生的过程中，会出现这样或那样的错误。如果孩子和学生提出来，作为家长或教师，应该怎么办？我经常在黑板上写上孟子的一句话："子路，人告之以有过，则喜。"同时强调，老师也是人，无论在传授知识方面，或者在管理学生方面，难免会有错误，欢迎同学们提出批评。

最令我难忘的是，北师大历史系的老师始终把他们放在和我们平等的地位。我在北师大上学期间，他们不仅教我们如何治学，在做学问的态度上要严谨、一丝不苟、老老实实，教我们做学问的方法，例如怎样制作卡片，保存资料；写论文如何选题，如何查找资料，进行论证。更重要的是使我从他们的言谈身教中学到了很多优良的道德品质，学会怎样更好地做人，做一名合格的教师。1997年为迎接北师大建校95周年，选定了启功先生提出的"学为人师，行为世范"八个字，作为学校培育人才的指导思想。我的大学老师们都无愧于"学为人师，行为世范"的评价。他们对待我们谦虚而平等的态度，给我留下了终身难忘的印象，极大地影响了我对孩子的教育和后半生的教学生涯。

我们历史系78级是个大班，有81位同学，但是大家都能和睦相处。我与其他同学没有利益冲突，我们都能坦诚相待。四年的大学生活，是我一生中最令我怀念的时期，无忧无虑、轻松愉快地学习、生活。大学毕业以后，我到各地拜访我们班同学，加上2007年去美国拜访朱忠丹、鲁小兵，共有52位之多，我在乌鲁木齐接待了27位同学。由此可见我对我们班同学的感情之深。我们班同学已经聚会多次，其中规模比较大的有三次。

2002年是北师大百年校庆，同时也是我们班毕业20周年，我们班有61位同学参加了庆祝活动。为了搞好这次活动，张景岩、周少川等接待组同学付出了艰辛的劳动。大部分北京同学和有些外地同学慷慨解囊，为这次聚会提供了经济基础。9月6日～7日，我们班同学聚会。8日上午，参加北师大和历史系的活动。中午，在鄱阳湖大酒店举行告别酒会，喝啤酒、唱歌、跳舞，每个人都尽情地抒发了自己的感情。

2008年是我们进入北师大上学30周年，张景岩提议贵阳作为聚会的地点，曹维琼承担了接待任务。7月18日～20日在贵阳举行了庆祝活动，参加贵阳聚会的共13位同学，加上我的老伴、王炜民的夫人和女儿共16人。我们在贵阳畅饮了茅台酒，度过了难忘的三天。

2012年是北师大校庆110周年，也是我们毕业30周年，在陈江同学的盛情邀请下，8月10日～12日在昆明聚会庆贺。参加的有22位同学，加上亲属共26人，住在西南宾馆。大家在座谈会上畅叙了同窗友情，张景岩念了杜甫的五言古诗《赠卫八处士》"少壮能几时，鬓发各已苍。……焉知二十载（念成三十载），重上君子堂。昔别君未婚，儿女忽成行。"他还兴致勃勃地解释了一通。聚会期间，正赶上西南地区彝族、白族等少数民族的传统节日火把节。8月11日（农历六月二十四日），在游览了石林后，陈江安排我们到石林县城观看火把节仪式和歌舞表演。特别是12日晚上，在世博会吉鑫园，一边品尝云南特产过桥米线，一边欣赏云南各少数民族歌舞。大家玩得很开心，对这次聚会非常满意，有人说终身难忘。

我的两个孩子在成长的过程中，得到了各方面亲朋好友，特别是我们大学同班同学的帮助。早在我们毕业以前，我们班就有同学关心小海的成长，毕业以后，更多的同学对小海和欢欢给予了各种各样的帮助，涵盖了学英语、清华大学上学、攻读硕士研究生、到出国留学甚至日常生活方面，令我非常感动。除了前面提到的同学以外，还有丰力、定宜庄、皮明勇、李占才、王云霞、张景岩、段学文、崔德晶、郭晓合等。我始终认为，我们大学同学之间的友谊是一笔宝贵的财富，这笔财富应该传承给下一代。1992年12月22日，张景岩、周少川、韦一编写了北师大历史系78级《同学通讯录》，他们在《编余的话》中首次提出这个问题："我们愚意，重版通讯录，不仅是我们这一代人的庆事，也是为后代留点儿'遗产'。我们的子女可据其父母的通讯录以寻找他（她）们的伯伯、叔叔、姨姨们。但愿联系代代络绎。"

在2008年的贵阳聚会和2012年的昆明聚会时，我和一些同学建议要关心下一代的成长，要把我们同学之间的情谊传送给下一代，同时，也要培育下一代之间的友情，让我们班同学之间的情谊代代相传。到乌鲁木齐来游玩的下一代，不管是否有我们班同学陪同，我都给予了热情的接待，让孩子们感受到我们班同学之间的温情和友谊。下一代之间也开始了他们的交往，如小海与段学文、柳文全、陈江、郭晓合、鲁小兵等同学的孩子来往，在学习、工作、旅游等方面互相帮助。只要是我们班同学的孩子到清华大学，欢欢都要陪同参观，并且请她们吃顿饭。

我们班同学关心下一代的情谊特别体现在资助韦一的女儿完成大学学业这件事上。韦一是我们班同学，分到山东枣庄师专政教系，后调学报编辑部，2000年患肝癌病故。2002年我们班同学聚会，了解到韦一还有一个女儿韦薇正在上大学，觉得应该帮助她完成学业。在张景岩、周少川、丰力的组织和参与下，还有张壮强、姚朔民、王云霞、曹维琼、陈江、甘于黎、吴会艺、汪珏、陈其、邢克斌、朱明光、王石天、周洪、郭晓和、杨选娣等13位同学，4年间共计捐款21200元，韦薇和她母亲多次表达她们的谢意。

本书出版和再版得到张景岩和中国青年出版社冈宁和彭明榜先生的帮助，在此表示感谢。本书再版，更换了一些图片，对文字作了少量的修改。张庆海帮助修订了《再版前言》和《结束语》。2005年出版的《儿女双双进清华·结束语》的最后，我提出"把这本小册子献给北师大历史系78级全体同学"。在这本书再版的时候，还应该加上"教过我们的北师大历史系的老师"。

（京）新登字083号

图书在版编目（CIP）数据

儿女双双上清华 / 张惠民著. —— 北京 : 中国青年出版社，2013.9

ISBN 978-7-5153-1334-4

Ⅰ．①儿… Ⅱ．①张… Ⅲ．①家庭教育 Ⅳ．①G78

中国版本图书馆CIP数据核字(2013)第210050号

责任编辑：孙梦云
书籍设计：孙初＋林业

中国青年出版社 出版 发行

社址：北京东四12条21号
邮政编码：100708
网址：www.cyp.com.cn
编辑部电话： (010) 57350505
门市部电话： (010) 57350370
印刷：三河市君旺印刷厂
新华书店经销

700mm×1000mm　1／16　15.5印张　144千字
2013年10月北京第1版　2013年10月河北第1次印刷
印数：0001—5000册
定价：28.00元

本书如有印装质量问题，请凭购书发票与质检部联系调换
联系电话： (010) 57350337